D 2.750

(*Sebast. Castellionis*)

Contra Libellum Calvini
in quo oftendere conatur
Hæreticos jure gladij coercendos effe.

Nolite ante tempus quicquam judicare, donec veniat dominus, qui illuftraturus
eft occulta tenebrarum, et patefaciet confilia cordium.
1. Cor. 4.

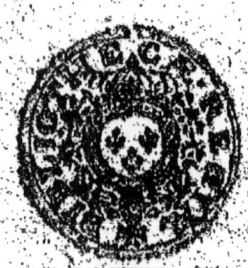 

Prov. 14.

Impiorum Verba Infidiantur fanguini, os
proborum os eum defendis.

Pfalm 2.

Et nunc Reges prudenter agite : Erudimini
Iudices Terræ.

Anno Domini M.D.LC.XII.

Benevole Lector.

Novis morbis nova adhibenda sunt remedia: Quoties vero antiquo morbo quempiam correptū videmus, antiqua etiam & tali morbo adhiberi solita, adhibemus remedia. AEgritudo seu potius Lethalis ille morbus, Tyrannis scilicet in conscientias aliorū, antiquꝰ erat, et iam per multos annos in animis multorū regnum possederat, atque innumeros cum in his, tum in alijs regionibus truculenter necaverat. Huic malo Reformationem Ecclesię in Europę tractu posse succurrere spes erat, & aliquo certe modo succurrit, hoc enim conscientię iugo pressi, spirituali gladio sese huic tyrannidi fortiter opposuere, atque Magistratus suos sacris concionibus, salutaribusque admonitionibus a tali persecutione ita abſterruerunt & abſtraxerunt ut lethalis hic morbus multis locis exulare, atque alias sedes quęrere cogeretur. Sed ò hominum inconstantiam, qui enim pręter cęteros hunc morbum deprecabantur, cūm eo premerentur, iam ab eo, gratia Dei liberati, quod spiritu optime cęperant, carne cōsummare conati sunt, & intolerabile hoc

con-

conscientiæ jugum, quod suo collo Auxilio
Dei fortiter excusserunt, alieno rursus inijcere strenue studuerunt, non minori cum
crudelitate, quam cum illis antea actum fuerat. Exemplo est celeberrimus ille Genevēsis Ecclesiæ *Doctor Ioannes Calvinus* in sua illa
adversus *Michael. Servetum* persecutione,
quem suæ fidei aut *potius* infidelitatis ergo
retinuit, cui dicam scripsit, & vivum deinde cremavit. Infidelitatem *Serveti* blasphemiam appellat, quod infidelitate longe
quid majus est; Non hic inficias eo, infidelitatem grave peccatum esse, blasphemiam etiam gravius, neque etiam *Serveti* erroribus
patronum aut defensorem me offero, qui
alte eos sub terra deprimi, ne pestilentiales
quosdam halitus emittant, satius esse credo.
Hoc tantū dico; *Serveti* factum aut respicere fidem, aut potius infidelitatē, atque fuisse
de sacræ scripturę sensu: Blasphemus erat in
Deum (si vera, quæ *Calvinus* scribit, ipsius
enim *Serveti* libri non extant, neque etiam
eos usque adeo desiderem) cum tamen crederet se Deum extollere. Magnus certe &
damno publico conjunctus error, & tamen
error hic ex ignorantia; alioqui quę insania
quis furor, tam horribili mortis generi opinionis

pionis cuiusdam ergo (quam tamen rectius edoctus repudiare & ejurare potuisset) se objicere? Vitam itaque pro falsa quadam veritatis persuasione effundere, quam cum aliquo conscientiæ suæ (quamvis male doctæ) verme vivere maluit. Morte ergo sua Deum se glorificare sibi persuasit. At persuasio ista (dices) falsa: Esto: Serveto tamen falsa non fuit, alioqui certe mortem refugisset. Rebellionis, factionis, aut criminis læsæ Majestatis, saltem Gænevensis, argui aut convinci non potest: soli° igitur conceptæ opinionis ergo. At dicis, pravæ, impiæ blasphemæ. Sit ita, sed tamen, quam ille non impiam, & ad Dei honorem facere credidit, & sacra Scriptura cófirmare conatus est: Immo pro qua vitam sibi relinquendã, atque ita horrendam mortem gustandam putavit, quo sic gloriæ Dei serviret, cui & adversarij illius cremando prsum se servire putabant.

Quæritur an hęc non sit intolerabilis quædam & illicita conscientię Tyrannis & inaudita quædam ac plus quam beluina crudelitas: Ego certe ita esse pronuncio. *Calvinus* hoc suum factum publicis tijpis extenuare & defendere conat° est. Idem etiam *Beza* latius. Solidissimis vero & ex verbo Dei depromptis

Declaration Calvin contre Servet. Anno 1553. An D. Calvino, proprij commode atque honoris

causa ali- tis argumentis utriusque liber cū omnibꝰ fi-
quid affir- argumentis a multis refutatus est. Preter ce-
mantis fi- teros autem hic fortissimum libertatis con-
des adhi- scientiæ propugnatorem & vindicem se-
benda? se præbuit erudita pietate & pia eruditione
D. Sibran- excellens. S. *Castellio*, cuius labores et vigi-
dus, fol. lias circa hoc argumentū adversus Calvinū
111 & 27 tibi exhibemus, quo rectius deinde de hoc
& passim negotio judices. Roget quis, ad quid quatri-
duani huiꝰ et jam grave olentis Lazari resu-
scitatio, hoc est errorum veterū renovatio?
Verum sic habeat. Si ullam in cælo positus
clarissimus ille Sol regionem aspicit, quæ
capitaliter illā de occidendis hæreticis hæresim (hoc enim proprium Tyrannidis in
Conscientas nomen) odit, detestata est, et
expulit, certe illa hæc nostra est regio, nostræ hæ arctissimo foederis vinculo conjunc-
tæ Provinciæ. Multa homines passi sunt,
multum sanguinis effusū, multa æraria ex-
hausta ad teterrimā hanc et sanguinariā be-
luam abigendam: omnia hæc nostra vidit et
experta est regio. Paucis ab hinc annis nulli
hæc Tyrannis adhuc innotuerat, pauci enim
plus æquo fervidi Theologi, qui Monstrum
hoc adhuc in sinu fovebant, quantum poterant tegebant.

Sed

Sed ecce veterator ille Sathan sub blando
& specioso quodam glorię Dei & Zeli Ecclesiæ prætex, tusub dole & quasi per cuni-
culos quosdam irrepens, thronū Dei affec-
tat, ut sic hominum conscientijs & fidei rursus dominetur, atque præsit. Vetus enim
ille T. Bezæ Tractatus de occidendis Hęreticis Gallice & Latine ante multos annos
conscript⁹ & edit⁹, a quibusdā verbi in Fri-
sia Ministris cum præfatione quadam nimis
aculeata & sanguinem redolente, ex latio *In præfa-*
in Belgiū translat⁹, & tijpis mandatus ac di- *tione Li-*
vulgat⁹ est, quem etiamnum hodie quidam *belli cui*
extra omnem repræhensionis, & calumniæ *Titulus.*
aleam positum autumant (nemo enim ex **Naeder**
reformatæ religionis Ministris hactenus in- **waer-**
ventus, qui huic doctrinę (si dijs placet) sese **schou-**
opponeret)atque hinc est quod,semel a nos- **winge.**
tro depuls⁹ corpore languor, paulatim rur- *Contra*
sus illud occupet,& magis magisque infici- *Vorstium*
at. Multos etiā non puduit, erroris & servo-
ris sui filo ducti, in aliq quodā Tractatu exē-
pla, *Serveti,* Neuseri, Gentilis & aliorum, ad
probandum illud quod volunt, adferre,&
in quē finem hæc omnia, tute Lector benevole apud te expende:nil mihi cum *Serveto,*
Neusero, Gentile aut alijs illius farinæ ho-

(·.·) iiij   minibus

minibus commune esse, novit ille, qui omnia, neque etiã patronꝰ illis esse velim: unũ hoc me torquet & animum meum angit, eos qui pro hæreticis habentur ita crudeliter occidi, & pro virili mea hanc sanguinariam labem ab hoc nobilissimo nostrarum fœderatarũ regionum corpore, & à bene compositis & tranquillis nostris Ecclesijs arcere studeo, atque hunc Tractatum in præsentia (daturus forté in posterũ etiam alium) tanquam vetus quoddã & præsens antidotum, adverſꝰ hanc denuo renascenté & indies gliscentem pestilentialẽ luem, dono. Lege Lector, & æqua judicij lance trutina, senties certé adulterinã esse hanc doctrinã, & animæ pariter ac corpori, & regioni esse exitialem: contra vero plurimum facere ad propagandam veram doctrinam ad animarum salutem & corporum securitatem atque ad beatam & summam Provinciarum nostrarum tranquillitatem & pacem, si quis ei se fortiter opponat.

Tunc alia ratione filium perditionis conficere studes quam spiritu oris Dei? Veritas suis armis vincit, quæ spiritualia sunt, & divinitus valida ad subversionem munitionũ: ratiocinationes evertendo, omnemque sublimitatem quę sese extollit adversus cogni-

2.Thess.2.
8.
2.Cor.10
3.4.5.6.
Tit.1.9.
Hebr. 4.
12.

nitionem Dei, & in captivitatem redigendo omnem cogitationem ad obediendũ Christo, ut Apostolus inquit. Doctores qui hanc deserũt, quasi ad convincendos *hostes* per se non satis sufficiens & valida sit, errant, & in ipsam veritatem graviter peccant, cui non satis confidunt, quia vim eius ignorant: & in ipsam Charitatem, quam erga proximũ non satis exercent. Corpus quidem occidunt, animam vero occidendo non servant, imo potius eam perdunt, qui infidelem quempiam e medio tollunt. Hypocritas quidem efficiunt multos, Christianos vero nullos. Et quid si (ut fere fieri solet) ovem pro lupo, orthodoxum pro hæretico, fidelem Dei servũ & testem pro Blasphemo occidant? Estne quod hos nostros rigidiores Theologos, ne hoc fiat, securos & certiores reddat? Vbi quæso huius facti diplomata? Num sacra scriptura? Nusquam certe hoc privilegium ipsis concessum invenies. Sacra enim Scriptura ad veritatem amplectendã blande ho- *Mat. 13.* mines invitat, non vi aut morte adigit, atque hanc hæresios extirpationem & hæreticorum occisionem expresse prohibet: quod non modo in hoc Tractatu, sed et in libello contra *Bezam* aperte & dilucide ostenditur.

Esto

In præfa: Libelli "Maer- "der "waer- "schou- winge.

Esto ergo Ecclesiæ utrinque judicium idque Christiane & candide ex Dei verbo vt decet. Quid si autem Synodꝰ, quid si ipsa Ecclesia, penes quam omne volunt esse judicium, hoc negligat, monitoribus suis sese fortiter opponat, *alteram partem audire* atque emendationem admittere nolit? Quod contra D. D. Ordinum decretum & beneplacitum, videre licuit in recusatione *Revisionis* (ut vocant) humanæ Confessionis & Catechesios, cui etiam non nullos è contrario subscribere coegerunt. Quid si etiam ipsa graviter erret? Cujus nimis multa, pro dolor, adferri possunt exempla, ac inter alia Ecclesiæ Iudaicæ quæ per errorem Prophetas & Apostolos trucidavit, & ipsum Christum, immaculatum illum, & innoxium agnum, tanquam *Blasphemum* (quod & hodie magna cum temeritate & impudētia multis Pijs obijcitur) damnavit, & inter maleficos crucifixit. Etiam ipsa Ecclesia Romana an non hanc sanguinariam viam ingressa? At nostra, inquies Ecclesia reformata: Vtinam Deus hanc Reformationem nobis largiatur & diuturnam esse velit. Verum quemadmodum illas, quas dixi ecclesias usa cum Helvetica & Genevensi errasse constat stae, ita & nostra (vt quae ex hominibus non unde quaque perfectis, & errare valientibus non autem ex omniscijs quibusdam Dijs, constat, & ab optimis non semper pascitur & regitur. *Pastores enim in Lupos saepe mutantur, & Lupi Pastoribus saepe succedunt,* (testante Calvino & Beza) in his articulis de haereicis occidendis, & conscientiae freno inijciendo, errare graviter potest: Quid tum in his omnibus Ecclesiarum erroribus futurum? Quis nobis, tanquam incorruptus aliquis, & é coelo demissus Iudex, in tanta opinionum discrepantia, de doctrina aliqua, utrum *Haeretica* sit nec ne? quis de ipsis haereticis quinam sint, judicabit? Num Magistratus? minime: Beza enim hoc non fert. Scribit enim: *Hae enim sunt Ecclesiae non Principum partes: eoque observare debent Principes ut intra potestatis suae fines atque cancellos sese contineant, ne scilicet audeant de Haeresi iudicare.* Sed & hodie maxima pars, cum longo illo, gradibus & dignitatibus distincto, Pontificiorum ordine, nihil aliud quam Ecclesiam, Concilia & Synodos crepat. Verum hic mihi quaeso responde: ergone ejusmodi Ecclesiae & Synodi in tali rerum statu, & tanta opinionum diversitate,

adver-

Cal. epist. 190 Idem in scandalis fol. 143. Beza Com. de haeret. fol. 279 b

"

In Tractatu de Haereticis à Magistratu puniendis pag. 168. Edit. Gall. pag. 438. Edit. Belg. pag. 343.

adversarij, actores, & Iudices in propria causa (quod in Romana ecclesia detestati sumus) futuri? Quis hæc æquo animo feret? Quid aliud hinc quæso exurget, quam bellû quoddam Madianiticum? Aut novus quidam Papatus, novum conscientiæ jugum, veritatis frænum, Tyrannis quædam, & Prophetiæ (quæ libera esse debet) quædam extinctio? Maxime, quando sic Ecclesia à suis partibus Magistratum habet, *ut earum nutritij Hi sint & filium osculentur* hoc est interprete Beza Hæreticos occidant. Sed & hoc Iudæ aut Ioabi osculum futurum, & vt Nazianseñ, *Pro Christo erunt contra Christum*.

Beza tract. folijs. 306. 307.

Dupl. 252.253 In præfat. Concionatorum quædam.

Audiunt homines quotidie, multi etiam magno cum dolore, fervidiores quosdam & billosos Theologos Stentorea voce passim exclamare & invehi etiam in fratres & collegas suos, qui in aliquibus sacræ scripturæ locis explicandis, non per omnia cum ijs consentiunt, & hanc suam apud multos agere fabulam, ut pro *Atheis & Hæreticis* habeantur, eos nunc *Pelagio* nunc *Arrio*, *Samosateno*, *Socino* aut *Serveto* (qui vivus combustus) comparantes. Quis autem harû impotentiæ vocum, & temerariorum Iudiciorum, fructus futurus sit, facile omnes pij & prudentes intelligunt, maxime in his regionibus, in his Ecclesiarum nostratratum dissidijs, quibus alius alium facile damnat, & ita coloribus suis apud omnes & præsertim D.D. Ordines depingit, ut in odia & inimicitias eorum incurrat & inauditus pœnis subijciatur.

Maxime itaque Tractatū hunc usui futurum speramus. Tum, ut qui humanis ingenijs nimiū confisi, & existimatione atque autoritate duorum doctorum (scilicet *Calvini et Bezæ*) seducti in rectam viam reducantur. Tum etiam ut Ecclesiæ fœdi errores qui in eam irrepserunt & adhuc irrepere possunt demonstrentur, & ab ea arceantur: & ut zelus ille fervidus, quo Reges & principes ad persequendos & occidendos hæreticos excitatur, reprimatur. Denique ut D.D. Ordines alijque Magistratus fœderatarum Provinciarum [pro quorum sapienti regimine, & fœlici ductu nunquam satis digne etiam in hoc negotio, Deo Opt. max. gratiæ agi possunt] hac nuda veritatis demonstratione, à subtilibus istis libertatis fidei hostibus, Theologis, sibi magis magisque cavere discant, & nunquā suā illā sibi à Deo datā dignitate, & *summa potestate* ex arbitrio & placito Ecclesiasticorū quorundam (quod in Antichristi regno plerumque sit) *abuti velint, atque ita cæcis xecutores & Ministri crudelitatis alienæ fiant.*

1
2
3
4
5
,,
Cal. epist 255.
Bezæ Tract. fo-
Hæc *lio 423.*

Ioan.8.
44.

Hęc enim illorum insana crudelitas, Evangelicę doctrinę & Christianę Charitati (cujus tamen se doctores & imitatores profitentur) tam affinis est, quam Christo Belial, qui jam inde a condito mundo homicida est.

Mirum certé est Theologos, tam Iesuitas quam alios, qui *Prædestinationem* usque adeo urgent, in occidendis hæreticis multo alijs crudeliores esse, cum tamen hos magis illorum misereri decebat, quibus hæresim illam in fatis esse sciunt, nec si velint aliter posse sentire. Itaque Lector benevole Tyrannidem hanc arcere si nequis saltem suffragio tuo eam firmare & stabilire noli, atque sic animum tuum innoxio sanguine etiā aspergere: Deum potius precare ut hanc animabus, corporibus, & regnis exitialem doctrinam, sua potentia & sapientia præmat & tollat, atque ijs, qui eam tantopere urgent saniorem det mentem, & omnibus nostris Principibus & Magistratibus gratiam suam & sapientiam illam Solomonis largiatur, quo sic inter falsam & veram matrem (quæ dilecti filij sui vitam a manu falsæ (quæ in necem illius jam consenserat) vindicavit) cum spiritu discretionis discernat. Vale Lector benevole, & eo quod damus utere ac fruere.

Præfatio

Præfatio

Optandum est ut bonorum Hominum magna sit authoricas, malorum autem nulla: Propterea quod authoritate multum ducuntur Homines, et plerumque de rebus incertis sola alicuius authoritate freti statuunt: Quo fit, ut si, qui authoritate pollet, vir bonus est, minus peccetur: sin malus est, graviter et sepe peccetur. Sed cum in hac perversa vita authoritas fere a multitudine pendeat, et multitudo ijs plurimum tribuere soleat, qui ipsius utilitati aut voluptati, aut honori inserviunt, et fama celebres sunt apud externos, quæ res ipsi multitudini sit ornamento: Ab ijs abhorreat, a quibus reprehenditur, aut qui ipsi non indulgent: plerumque fit ut assentatores et simulatores in pretio sint: Synceri autem et severi homines, et famæ contemptores contemnantur.

Rursumque quoniam nihil tam tectum est quod non aliquando detegatur, quoniam præsens assentationis dulcedo parit postea dolores amaros, Fit ut postquam in magna damna, assentationibus obcæcati, reciderint homines, agnoscant et detestentur assentatores, bonosque laudent et defendant: quorum concilium quia carni esset adversarium, prius repudiarunt. Hinc fere sit ut boni post mortem laudentur, mali vituperentur: quod in vita fere contra fit, ut boni vituperentur, mali laudentur. In culpa est hominum inscitia, qui malunt præsentis voluptatis brevitatem, quam futuræ perpetuitatem: Sicut puer mavult in præsentia unum

A pyrum

pyrum, quam in futurum hæreditatem. Quod si homines essent viri, contra facerent, et ita maxima mala evitarent. Exempla occurrūt quamplurima. Noe suo tempore caruit authoritate, quam si habuisset, non ita misere Diluvio extinctum fuisset illud seculū. Idem accidit Lotho, quem aspernati perierunt Sodomitæ. Idem Prophetis, et Iohanni Baptistæ, & Christo, & Apostolis; quibus contemptis Iudæi in Longissimas & gravissimas calamitates sese conjecerunt: secuti videlicet blanda & assentatoria, eademque cruenta Scribarum & Pharisæorum consilia. Iam vero docuit Christus futurum, ut in adventu suo sit is status, qui fuit temporibus Noe & Lothi: hoc est, ut sit summa securitas, & eorum cōtemptus qui a peccando avocabunt. Quod si instat adventus domini maxime nobis suspecti esse debent, qui sunt in eo gradu in quo Scribæ & Pharisæi, ne suis blandis consilijs præcipitent nos in damna sempiterna: maximeque eos debem^{9} facere aut etiam quærere, qui sunt Noe aut Lothi similes, hoc est qui nos a peccatis avocant, etiam si eorum consilia in præsentia sint amara. Omnino accidet nostris temporib^{9}, quod accidit tum: Contemnētur & vexabuntur, qui hominum saluti studebunt: Contra in pretio habebuntur falsi Prophetæ, quoniā carni blandientur. Si quis habet aures, hæc audiat & eruminet. Parvus est numerus eorum, qui sapere volunt: ijs nos laboremus. Qui sanum consilium contemserint, idem postea frustra requirent. Beati qui nec ipsi sibi assentantur, nec aliorum assentationes admittunt.

Quorsum hæc a me dicta sint, jam referam. Est hodie Iohannes Calvinus summa authoritate,

tate, quam equidem ei optarem maiorem, si
mitis ingenij hominem & misericordem vi-
derem. Sed quia proximo facto palam ostendit,
se sitire multorum sanguinem, scriptoque suo
multis pijs periculum creaverit, ego qui & natura & disciplina a sanguine totus abhorreo
(sicut omnes abhorrere debent) palam orbi
(si Deus volet) ostendam eius conatus, ut qui
perire nolint, desinant ab eo decipi, & in viam
revocentur. Combustus est Genevæ, ob opiniones de religione, superiore anno, qui fuit 1553
die 26. Octobris, Michael Servetus Hispanus, *Michael*
impulsore & authore Calvino, eius Ecclesiæ *Servetus*
Pastore. Divulgato Serveti supplicio, multi *Hispanus*
offensi sunt, presertim Itali & Galli: Primo *alias de*
quod occisus esset homo propter opiniones de *Reues ab*
religione. Deinde quod ita crudeliter occisus *Arrago-*
esset: 3. quod authore Pastore: 4. quod con- *nia.*
spirasset in eo occidendo Calvinus, cum ini- *Catalo-*
micis suis: nam et hoc ferebatur: quinto quod *gusqui de*
combusti essent eius libri Francfordiæ. Sexto *librorum*
quod post mortem damnatus esset à concio- *a Serveto*
natoribus ad Gehennam. Hæc audiens Calvi- *editorum*
nus publicavit Librum contra Servetum, ut se *recense-*
purgaret et illum refelleret, atque insuper fer- *tur in bi-*
ro coërceri debere ostenderet. In eo libro quid *blioteca*
conetur efficere Calvinus pauci vident. Est e- *Gesneri,*
nim falsa specie pietatis ita fucatus & colora- *qui dicit*
tus, ut deprehendere non sit facile, præsertim *illum*
ijs qui Calvino sunt addicti. Hunc ergo Libru *scripsisse*
nunc examinandum suscepi, et explicandum, *de Trini-*
ut aliquos, si fieri potest ab errore revocem. At *tatis er-*
nemo mihi hoc loco tumultuetur, ponderet *roribus*
rationes Lector, & avocato a personarũ dig- *lib. 7.*

A ij   nitate

Anno 1591. Excusos in 8. Dialogum de Trinitate Libri 2. de justitia regni Christi, capitula 4. Anno 1532. Item librum inscriptum Christianismi restitutio, in quo hæc continentur 1º. de Trinitate divini, quod in ea non sit invisibilium trium rerum illusio, sed vera substantia Dei manifesta.

nitate animo, in veritate (quæ alioqui perspici non potest) totus sit intentus. Efficiam volente Deo, ut conatus huius hominis deinceps ijs pateant qui se cœcos esse nolint. Dicet forte Calvinº, suo more, me esse Serveti Discipulum: Sed id neminem terreat, Serveti ego Doctrinam non defendo, sed Calvini falsam doctrinam ostendo. Itaque de Trinitate, de Baptismo, & cœteris arduis questionibus non disputabo, cum Serveti Libros, quippe combustos diligentia Calvini, non habeam, ut possim ex ijs videre quid senserit. Sed in cœteris quæ sunt extra illam Servetanam disceptationem, Calvini errores sic demonstrabo, ut quivis perspicere possit, eum per sitim sanguinis palpare in ipsa meridie. Agam autem cum eo, non quomodo egit ipse cum Serveto, quem postquam una cum libris combussit, mortuum Lacerat, et eius errores citatis etiam (si superis placet) libri, quem combussit, paginis, multisque locis, refellit: perinde ac si quis Domum combusserit: Deinde nos ex ea Domo aliqua vasa petere jubeat, & cubicula aut capsas indicet. Nos vero Calvini libros non comburemus: Vivunt & author & Liber, & equidem latine et gallice ab eo editus, ne quis causari possit aliquid a nobis depravari. Ponam autem ipsius verba, & eos Locos, de quibus disserere volam, signabo numeris, sicubi opus erit: deinde numeros illis respondentes ponam ante mea verba, ut ita breviter perspici res possit. Ac primum titulum ponam, qui sic habet.

Calvinus 1.

Defensio orthodoxæ fidei de sacra Trinitate contra prodigiosos errores Michaelis Serveti Hispani.

Hispani, ubi oſtenditur Hæreticos iure gladij *tio in*
coërcendos eſſe, & nominatim de homine tam *verbo, &*
impio iuſte & merito ſumptum Genevæ fuiſſe *commu-*
ſupplicium.　　　Vaticanus.　　　　　　*nicatio*

Hæreticos ab errore denominat, quaſi ſic dicat: *in ſpiri-*
Scribam contra errores Serveti, ut oſtendam er- *tu. Lib.*
rantes hoc eſt, hereticos iure gladij coërcendos *7. De*
eſſe, ſicut errans Servetus gladio coërcitᵘ eſt. *fide &*
Hanc eſſe mentem Calvini poſtea apparebit, ut *iuſtitia*
velit eos qui graviter errant interfici niſi velint *regis*
in Calvini Sententiam deſcendere. Atque hoc *Chriſti*
agit tota hac de hæreticis diſputatione (quem- *legis iu-*
admodum oſtendemus) ut quoſcunque Cal- *ſtitiam*
vinus cum ſuis hæreticos iudicat, ij Serveto co- *ſuperan-*
mites mittantur: Quod ſi fiat, comburendi e- *tis, & de*
runt omnes Chriſtiani nominis homines, ex- *charitate*
ceptis Calvinianis, hoc eſt, Calvini inſtitutum *Lib.3.de*
ratum habentibus, quod deinde ſic aggredi- *regenera-*
tur.　　　　　　Calvinus 2.　　　　　 *tione ac*

Quamquam inter alia errorum portenta, *mandu-*
quibus Satã renaſcentis Evangelij Lucem hac *catione*
ætate obruere conatᵘ eſt, apprime deteſtabilis *ſuprema,*
eſt (1) impietatum congeries, quam Michael *et de reg-*
Servetus Libris editis evomuit. Ante hac ta- *no Anti-*
men hominem non putavi ex profeſſo refutan- *Chriſti.*
dum, quia tanta ſuberat eius (2) delirijs abſur- *Lib.4.*
ditas, ut nullo contra repugnante (3) ultro in *Epiſtola*
fumum abitura ſperarem.　　　　　　　　*30. ad*
　　　　　　　　Vaticanus.　　　　　　 *Ioannem*

1. Impietates vocat, quas in titulo errores ap- *Calvinũ*
pellavit, et hic deliria, quę convenire non poſ- *Signa 60,*
ſunt. Nam error impietas proprie dici non po- *regni An-*
teſt, niſi velis impium, appellare Paulum, dum *tichriſti,*
perſequitur Eccleſiam, aut Thomam, dum non *& reve-*
　　　　　　　A iij.　　　　　　credit *lationem*

eius tam nunc præ sentis.

De mysterio Trinitatis & veterum disciplina ad Philip Melanct. apologia Omnia hæc impressa sunt a⁰ 1553. &c.

credit resurrexisse Christum, qui errores erant certe gravissimi, Sacræ literæ impios vocant eos, qui scientes & impio animo, non infirmitate victi, aut ignorantes seducti, peccant: cuiusmodi fuit Cain qui fratrem suum occidit, aut Saulus, qui Davidem persequebatur, cum tamen ipse suo ore confessᵒ fuisset, se ei facere iniuriam. Pro talibus non orat Christus, qui dicit se non orare pro mundo. At pro errantibᵒ orat, dùm dicit: Ignosce eis, quia nesciũt quid faciunt, id est errore peccant. Si enim eum cognovissent, nunquam dominũ gloriæ crucifixissent. (2) Deliros vero impios appellare, hominis est propemodum delirantis. Nam in quem non cadit pietas, in eundem non cadit impietas: nõ cadit autem in delirum pietas, non magis quã in bestiam: non cadit igitur in delirum impietas. (3) Et certe in fumum abijssent, si fuissent absurda deliria. Nec enim ita delirant homines ut capiantur absurdis delirijs, & futilibus ineptijs, ut ipse paulo post appellat. Pergit deinde paucis interjectis.

Calvinus 3.

1. Postea ex bonorum virorum relatu agnovi me fuisse deceptum.

Vaticanus.

Erravit igitur Calvinᵒ, commisitque aliquid, ut sit dicendum non putavi. Hoc si quis antea de eo dixisset, is fortassis pro blasphemo habitus fuisset a Calvini discipulis. Pergit deinde paulo post, ubi antiquorum curiositatem accusavit.

Calvinus 4.

Quid hodie? major pars humano quoque pudore excusso, palam Deo illudit: (1) In tremenda da eius mysteria non minus proterve irrumpit, quam si porci rostra in pretiosum thesaurū ingererent. Vaticanus.

1. Videtur contra seipsum loqui. Dei vere tremenda mysteria sunt Trinitas, Prædestinatio & Electio. De his rebus hic homo sic affirmat, quasi fuerit in Paradiso, & ita spinose de Trinitate in hoc libro docet, ut nihil aliud quam simplicium conscientias hac curiositate labefactet, in que dubiū vocet. De prædestinatione vero ita crude docuit, ut innumeros homines adduxerit in tantam securitatē, quanta fuit ante Diluvium, aut tempore Lothi, ut præparatus ab eo mundꝰ, possit adventu Domini securius opprimi. Calvinus. 5.

Multi impura scelestaque vita Evangelij professionem contaminant.

Vaticanus

Impuros & scelestos appellat adulteros, ebriosos, & eius generis cæteros, qui vere sunt impuri. Sed non intelligit, nullum hominum genus impurius esse quam hypocritas, qui sub ovina pelle oves devorant.

Calvinus. 6.

Atque ut alia taceam, videmus quam (1) audacter lasciviant plurimi in suis commentis: quamque inexplet... novarum rerum cupiditas insani pruritus instanter alios exagitat.

Vaticanus

1. Ut ipsemet qui ita audax est, ut eius commentis contradicere Genevæ putetur nephas. Itaque nec infantes alijs verbis baptisare licet, quā præscriptis a Calv. nec psalmos alijs diebꝰ canere. Plus ille novavit ipse decem ānis, quam

A 4

universa ecclesia sexcentis: cum tamen in suis
Institutionibus in tales innouatores acerrime
invectª fuisset, ut videatur eos depellere volu-
isse, quo ipse in eorum locum subiret. Ponam
eius verba ex primarum Inst. (quæ Basileæ im-
pressæ fuerunt anno 36) Capite 6. pagina
429.
Calvinus 7.

Calvi- .1. Legum vero ferendarum potestas, cum et
nus in ipsa Apostolis incognita fuerit, et toties eccle-
Institutí- siæ ministris per verbum Dei adempta, miror̃
onibus. qui eam, præter Apostolorum exemplum, contra manifestum Dei interdictum ad se trahere
ausit. Non enim ambiguum est qvod scribit
Iaco.4. Iacobº: (2) Qui judicat fratrem, judicat Legẽ,
qui Legẽ judicat non est observator Legis, sed
judex: Vnus autem Legislator, qui potest servare & perdere. Et paulo post: Petrus quoque,
1.Pet.5. cum pastores officij sui admonet, sic gregem
pascere hortatur, ne (.3.) dominium exerceant
adversus cleros. En precisum adeoque a ra-
dice revulsum, quicquid sibi potestatis vendicant, qui se sine verbo Dei efferre volunt. Non
enim quicquã Apostolis datum, quo ipsi suam
doctrinã & suum regnum stabiliant, sed duntaxat quo regnum ac doctrinam magnificent.
Vaticanus

.1. At tibi cognita fuit, qui Leges tulisti Genevæ ante annos octo, quarum authoritate et
contra alios usus es, et proxime paucis diebus
post mortem Serveti, Bertellerium oppugnasti,
& Magistratº presidium ex Legibus, quas tu tu-
lisses, Magistratus sanxisset, contra alios postu-
lasti, & easdem ad tuas illas helveticas Ecclesias misisti, ut ex tuis illis legibus pronunciarent
de excom-

municando Bertellerio, quemadmodum paulo ante de Serveto, pronunciarant. Quod si dices te non novas illas leges condidisse, sed omnia ex verbo Dei statuisse, Primum obijcietur nihil ergo a te scribendum fuisse, sed leges ut a Deo latæ sunt, sic relinquendas fuisse. Non ita proterve rostrum in prætiosum thesaurum ingerendum fuisse. Deinde quæretur ex te, ubinam doceat verbum Dei psalmos certos, certis diebus ad prescriptum Calvini canendos esse, & alia multa, quæ ex prescripto tuo sic istic observantur, ut sit contravenire magis nephas, quam si quis peccaret in Spiritum Sanctum. (2) Tu scilicet Servetum & innumeros alios non judicasti. (3.) Ipse ita dominatur, ut a multis simpliciter Dominus appelletur. Disputatum aliquando fuit inter ipsos concionatores, utrum Calvinus Dominus appellari deberet, cum alij appellarentur Magistri, optinuitque dominatio, ut Domin' appellaretur. Venit enim in eius ædes quidam pauper simplex homo, qui quæsivit an frater esset domi? Cui responsum est: Quid frater? Satis magnus est ut a te Dominus appelletur. Denique sic dominatur Genevæ Calvinus, ut eum offendere sit longe periculosius, quam regem Galliæ in ipsa regia. Sciunt hæc innumerabiles ab eo ejecti, & misere vexati, quos enumerare longa esset historia. Ostendat nunc tale aliquid vel fecisse vel docuisse Apostolos. Sed redeamus ad institutum Librum.

Calvinus 8.

His ergo vitijs justam ac debitam mercedem rependit Deus, dum homines alioqui non stu-

pidos, & aliqua doctrina tinctos, bruta quadã
socordia in fœdos pudendosque errores pro-
labi sinit. Hoc, quanquam non in tempore, ut
decebat, remedij adhibendi causa meditatus
sum : ubi tamen re ipsa edoctus agnovi, non a-
deo miratus sum multos esse in(1)Italia tabe ista infectos. Quod dico non modo in bonam
partem accipient, æqui &(2) modesti illius gentis homines, sed in corrigendo (3) patriæ suæ
malo (quod utinam non alijs quoque regionibus,& presertim Galliæ nostræ commune foret)mihi libenter subscribent.

Vaticanus.

Est operæpretium perspicere cur hoc potissimum de (1) Italis dicat & Gallis. Cæteræ nationes Calvinū magis ex scriptis norunt quam
ex moribus. Hinc fit ut eum multi remotarum
gentium homines habeant pro Deo, quod eius
vitam putant ipsius professioni respondere. Ex
Italia vero & Gallia multi Genevam constuunt
& longinqua consuetudine Calvini ingenium
nonnulli deprehendunt. Id cum antea patesie-
bat, tum vero in Serveto palam factum est. Nã
quo tempore erat ibi Servetus in vinculis, venit eo forte fortuna Italus quidam Ictus cele-
bris, cui cum de Serveto narratum esset, dixit se
nunquam eius fuisse sententiæ, ut aliquis pro
opinionibus quamvis hæreticis, moreretur, &
ad id rationes suas adduxit. Deinde de opinione Serveti, qui dixisset Iesum Christum etiam
quod ad humanitatē attineret, esse verum na-
turalemque Dei filium, ex ipso Deo & virgine
genitum, nonnulla disseruit, & eam sententiam
sibi non admodum displicere dixit, quin se a
puero

Ictus no-
men (ut
mihi qui-
dem vide-
tur) ex-
primit ar-
gumento,
ubi dicit
Gribaldū
a Calvino
superbe
repudia-
tū. Idem
et hic di-
citur.

puero ita semper sensisse. At fratres illi protinꝰ offensi, eum in Serveti opinione esse dixerunt, & si perseveraret, ut hæreticum devitandum. Cœpit ille ut de re valde ardua suspensus eos rogare ut sibi conventum darent, ubi rationē suam palam posset exponere: Aut saltem aures Calvini (cuius authoritatem ipse semper plurimi fecisset) sibi conciliarent, ut ab eo ea de re tanti momenti, apertius posset institui. Sed nihil impetravit. Itaque ea de re graviter commotus discessit, & ad Vincentinos fratres ea de re literas scripsit. Præterea Lelius quidam Zosinꝰ literas Genevam misit ad amicum suum, in quibus scribebat Abelis sanguinem conqueri ad Deum, & fore ut Cainus non inveniret pacem in terris. Item Bernardinus Ochinus redux ab Anglia Genevam pervenit postridie quam Servetus combustꝰ est, ad eum venit quidam, qui ei mortem Serveti narravit. Bernardꝰ vero ita locutus est, ut appareret ei non probari factum: Quæ res eum reddidit invisum. Ad hæc venerunt a Rhæticis fratribus quædam carmina, in quibꝰ dicebatur vnum Servetum a Calvino extinctum, sed revixisse innumerabiles; Corpus eius crematum, sed animā intactam remansisse: Si Christus ipse Genevam veniret, fore ut crucifigeretur; Non esse jam eundum Genevam ad Christianam Libertatē. Ibi enim esse alterum Papam, sed qui vivos torreret, cum Romanus prius suffocaret: Nam fere universi Itali, etiam qui Calvini doctrinā approbant, cum ea crudelitate offensi sunt gravissime, quod & in Gallia magna ex parte accidit. Hæc res nationibꝰ his Calvinū reddidit iniquiorem.

(2) Æquos

Æquos modestosque vocat eos, qui subscribūt eius crudelitati (3) Et quo nihil habent melius id patriæ malum appellat Calvinus, videlicet quod nolunt cuivis homini temere credere. Quod autem Italorum maximum vitium est, eius nullam mentionem facit Calvinus: Loquor de vindictæ cupiditate, quâ nimirum laborant multi Itali. Sunt enim Itali natura valde boni aut valde mali. Sed quoniam id vitium Calvino cum Italis sic commune est, ut eis palmam præripuerit, prudenter de eo tacet.

Calvinus 9.

Vulgaris hic morbus est, ac ferè ubique regnat, quod ut quisque ingenij agilitate pollet, ita eum titillat inanis curiositas. Sed in Italis forte propter rarum acumen magis eminet.

Vaticanus.

Mavult simplices et bardos, quibus posset quidvis persuadere. Ingeniorum Lumina reformidat, & extincta cupit, ne detegatur. Talis fuit olim præstigator ille Alexander pseudomantis, hoc est, falsus propheta, qui a suis præstigijs Christianos & Epicuræos remouebat. Tum ipse Calvinus de ingenij acumine potissimum gloriatur, & multa tam argute disserit, ut ea nemo intelligat: Sed vult solus esse, quo possit maiori cum lucro nundinari. Pergit deinde, & eos qui se eius crudelitatis ministros præbere nolunt, Serveti discipulos appellat, ut eos reddat invisos. Hic enim quorundam mos, ut quicunque eis non assentatur, is inferni aliquo nomine denigretur: Atheus, aut Libertinus, aut Anabaptista, aut quid aliud huiusmodi vocetur: quem quidem morem didicerunt a

patri-

patribus suis, qui sic solebant pugnare: Samaritanus est, Dæmonium habet, quid eum auditis? Hac diffamandi ratione alios imperitos ab eis audiendis absternent, atque ita victoriam non auditis alijs obtinent. Dicit deinde eos esse Madianitarum similes, cùm nulli unquam Madianitæ magis inter sese dissiderint, quàm ipse cum suis. Atque ubi proposuit se contra Servetum scripturum, ut alios ad sobrietatem revocet, causam sui facti sic reddit.

Calvinus 10.

Si quis obicijat vel ignavum esse bellum, quod mortuo infertur, idque non obscurum diffidentiæ meæ signum esse, quod nunc mortuo insultem, cui vivo & Loquenti pepercerim: vel crudelem esse, qui mortui hominis umbram insecter: Vtriusque prompta est facilisque defensio. Ego enim quàm diu spes fuit eius (1) ad sanam mentem revocandi, privatim operam meam impendere non destiti.

Vaticanus.

Hoc est ad opinionem Calvini. Nam pro insanis habet, quicunque cum ipso non sentiunt. Sed fingamus sanum esse Calvinum, quomodo ad sanam mentem revocare potuisset eum, quem tam inique tractabat? Præcipere solent Rethores de concilianda auditorum benevolentia, quo persuaderi possit. Nam a quo quis alienum animum habet, ab eo persuaderi non potest. Calvinus orator bonus, ut Serveti benevolentiam sibi conciliaret, eum confestim rapuit in carcerem, omnes ad eum aditus, ijs qui eum consolari, aut ei concilium dare possent,
dili-

diligentissime præclusit. [Omnes suos collegas in eum incendit: ipse eum in carcere absentem quotidianis concionibus ad populum invidiosissime traduxit. His rationibus conciliata Serveti benevolentia, eum ad sanam mentem revocare conatus est. Si me hercle Calvinum audire et ab eo discere Servetus statuisset, his iniquitatibus deterreri potuisset.

Calvinus. 11.

Ac ne dubijs narrationibus Lectores morer tantum (1) simpliciter referam, quod duabus ante mortem suam horis verum esse coram multis testibus confessus est. Quum meum colloquium petijsset (2) missi sunt duo Senatores (3) qui me in carcerem deducerent.

Vaticanus.

1 Quam simpliciter mox videbimus (2) Præterea, quod est præcipuum, Negaverat se iturum nisi permissu Senatus. Et qui Senatum primo ad capiendum Servetum pene coëgerat, is nunc eum jam ad mortem damnatum adire sine presidio non audet. Itaque hanc puerilem Calvini simulationem ipsi Senatores admirati sunt. (3) In carcerem Calvinus. (Christi Discipulus) a Senatoribus honorifice deducitur: Servetus sum macum ignominia a lictoribus ductus fuerat. Nunc confer cum Calvino Christum.

Calvinus. 12.

Quidnam vellet rogatus, dixit se a me veniam petere.   ### Vaticanus.

Expectabam ut confiteretur, que tu paulo ante dixeras, videlicet quod tu privatim operam tuam ad eum sanandum impendisses. Nihil tale confitetur, & tu nobis illudis, neque
pro-

promissū præstas. Non idem est veniam petere, & illa confiteri. An putas omnes ita bardos esse ut istam artē nemo animadvertat? Sta promissis, ostēde illum ea esse confessum. Sed quoniam callide dissimulas, ego pro te narrabo. Erat Servetus paulo iracundior. Cum incidisset in Calvinum, hominem extremæ iracundiæ, & ab eo ita inique tractatus fuisset in vicula, exacerbatus ita est, ut in eum multa magis iracūde, quam Christiane dixerit. Ad ea quī Calvinus responderit, qui non adfuerunt, conijciāt ex eius scriptis & concionibꝰ, quas in eum toto illo tempore habuit. Igitur Servetus postquam sibi mortem instare vidit, cœpit de reddenda ratione Deo cogitare: & quoniam intemperantius locutꝰ fuisset, a Calvino veniam petijt, non propter doctrinam, neque quia Calvinus ei unquam benefecisset, sed quia Servetus maledicta maledictis, cōtra Domini preceptū, rependisset. Hæc dissimulans, tenebras offudit oculis lectorum, quasi Serveti modestia Calvinum reddat insontem. Hic subit illud quod in proverbijs: *Dives cum fecit injuriam insuper minatur: Pauper cum affectus est injuria supplicare cogitur*: Servetus capitis damnatus, a Calvino damnatore suo veniam petit. Calvinus veniā Serveto neque viventi dedit, neque mortuo, ut ostendit totus hic liber in illum accusatorie scriptus, & conciones, & quod eos tam acerbe & verbis, & factis, & scriptis insectatur, qui Serveti vice audent vel misereri. En pastorem ovium Christi, qui animam suam ponat pro ovibus suis: en hominem Christianū, qui Solem occumbere non patitur super iracūdiam suam:

Calvinus

Ego vero ingenue præfatus (1) me nunquam privatas injurias persecutum, qua ta potui mansuetudine admonui: jam me ante annos .16. non sine præsenti vitæ discrimine obtulisse meam operam ad eum sanandum, nec per me stetisse, quo minus resipiscenti manum pij omnes porrigerent. Deinde Literis privatis cum ipso placide egisse, nec ullam captasse ostentationem, Denique nullum a me benevolentiæ officium fuisse pretermissum, donec libris meis objurgationibus exacerbatus (2) tandem magis quam bilen effudit.

Vaticanus

1. Negat se unquam privatas injurias persecutum, qui vindictæ cupiditate sic ardet, ut eum nemo de Magistratu quidem offendere ausit ulla minima ore, nisi velit suscipere inexpiabiles inimicitias. Atque hæc sunt toti illi nationi notissima. Enimvero est operæ pretium ex ijs quæ scripsit, cognoscere hominis erga Servetum benevolentiam. Scripsit Calvinus commentaria in Ioannem, quibus commentarijs epistolam prefixit Robertus Stephanus, in qua Calvini in refellendis aliorum opinionibus modestiam mirifice predicat. In prima statim pagina eorum commentariorum Calvinus Servetum his verbis aggreditur: Servetus superbissimus ex gente Hispanica nebulo. En modestiam dignam quam Robertus ad cœlum extollat. Sed facit Robertus quod cæteri Calvini Discipuli: Hominem tanti faciunt ut eius facta et dicta omnia nullo judicio, ne considerata quidem, certatim celebrent. Quo quisque

que eum magis laudavit, eo Christi amor est. Adducam aliud exemplum modestiæ Calvini in Servetum. In Libro de scandalis, pag. 59. sic scribit: Pro multis unum exemplum Serveti sufficiat. Is enim Lusitanico fastu inflatus, magis etiamnum propria arrogantia turgens, hanc sibi comparandi nominis rationem optimam esse statuit, si omnia religionis principia convelleret. Quicquid ergo de tribus in Deo personis, olim ab ipso Apostoloru̅ seculo traditum à patribus, & continua ætatu̅ serie ab omnibus pijs receptum fuit, non modo tamque insultum repudiat, sed plusquam atrocibus convitijs exagitat ac proscindit. Tantum canina illa mordendi latrandique rabies, quâ ebulliunt omnes scriptorum eius paginæ, satis testantur, qualis hominem spiritus instiget. Ad rem vero si venias, satis perspicies jejuna inanis gloriæ siti jaccensum, absurdissima queque deliria cupide hausisse, quibus sese inebriaret, &c. Interim multa speculationum plaustra congerit, quæ adeo nihil habent coloris, ut facile sano cuivis homini constet, non nisi cœco sui amore fascinatum, posse ita desipere. Hæc sunt verba Calvini. Credamus igitur eum vitam suam obtulisse perinde propter Servetum, in quem caninam hanc mordendi Latrandique rabiem (benevolentiæ suæ judicium) ebulliverit, ut ostenderet quali mansuetudinis spiritu instigaretur. Et postea non erubescit, publicatis toto orbe libris disserere (2) Deest, & qui Servetum vivum torruerunt. En pietas, deberet hoc saltem dicere sine rabie. Cætera quæ deinde posuit, omitto, quod Serveti libros non habeo &

Cal-

Calvino credere periculosum nimis est. Subijcit deinde.

Calvinus. 14.

Cum monendo & hortando nihil proficerem nolui(1) supra magistri regulam sapere (2) nam ab hæretico homine qui *Loforaplexsitos* peccabat, secundum Pauli Apostoli præceptum, discessi.

Vaticanus.

Callide tacet quid responderit Servetus: & tamen supra dixerat se relaturum quid Servet' duabus ante mortem suam horis confessus esset(1) Magistri regula est, peccantem admonere seorsum: Deinde adhibito uno aut altero teste: Postremo, dicere Ecclesiæ. Calvini prima admonitio fuerunt illa, quæ supra posuim' convitia: altera carcer: tertia fastes. Hanc rationem a Magistro Christo non didicit (2) videlicet Calvinus hoc loco hæreticum appellat eum, qui aliquoties admonitus non paret: & recte sane. Sed oportet admonitionem esse & bonam & veram. Bona est, quæ a charitate proficiscitur: Calviniana admonitio fuerunt vincula: Talis admonitio etiam amicum alienare posset, tantum abest, ut alienatum revocare valeant. Vera admonitio est de re vera, & in qua is, qui admonetur peccare se videat: Vt si ebriolum rite moneas & amice ut se corrigat, si non parebit aliquoties monitus, erit pertinax & habendus pro publicano. Quod si Servetus a Calvino amice & ex Christi præcepto monitus fuisset, & errores suos videns, tamen in eis pertinaciter perseverasset, recte a

Cal-

Calvino vocaretur hæreticꝰ. Sed talem non fuisse, ostēdit ipsa confessio Calvini, qui supra dixit eum veniā petijsse ab ipso Calvino, id quod fuit animi certe non præfracti, neque pertinacis neque se facile sic demitteret Calvinus. Quod si sic errores suos vidisset Servetus, quomodo vidit modestiam, non fuisset ei gravius errores confiteri, quam a Calvino (ut dictum est) veniam petere.

Calvinus 15.

Ad populum quod in plausibili causa me non venditavi, modestiæ, non timiditati tribuent æqui & boni Indices.

Vaticanus.

Hic Locus clarior fiet ex pagina 663. ubi sic loquitur Calvinus: Qum varie denique, diuque verbis certatum foret, & subinde querimoniam illam repeteret: Non decere pietatis causas in carcere tractari. Respondi quod verum erat, & initio præfatꝰ eram, nihil mihi fore gratius, quam si in templo & toto populo audiente disceptaretur. Cur igitur factum non est, si utrique gratum erat? Quod si postea recusavit Servetus, cur id modestiæ suæ tribuit Calvinus, non recusationi Serveti? Iam quod causam vocat plausibilem, de Trinitate loquitur, quæ in vulgus ideo plausibilis est, quod vulgus non aliam Trinitatem novit aut comprehendit, quam qualis a pastoribus depingi solet.

Calvinus. 16.

Quin potius formidavi, ne si argumentum illud ex animo & serio tractandum susciperem, malevoli forte aliqui aut blasphemi obstre-

perent me pugnandi nimis esse cupidum.
Vaticanus.
Cur ergo quodam die Dominico frequentissima concione Serveti (qui tum recens erat in carcere) opiniones populo exposuisti, & copiose tractasti? An malebas cum absente pugnare quam cum presente?
Calvinus. 17.
Quam præpostera obsecro ista est humanitas, ut si silentio tegatur unius hominis dedecus, Sathanæ aucupijs mille animas prostitui.
Vaticanus.
Si Serveti errores ista aucupia sunt, tum mille animas Sathanæ aucupijs prostituis, qui eas agites & Camerinam moveas. Quamvis enim multa dissimulas, multaque trunca allegas, tamen ex ijs ipsis etiam in Libro tuo capientur multi. Poterit enim venenum potores lædere, etiam in paulo tuo, licet de vino tuo multum affundas. Vidi ego hominem qui citatis a te pagina 215. Serveti rationibus, de non baptisandis infantibus, ita sit captus, ut dixerit nihil esse apertius. Adeo frigidæ sunt tuæ rationes. Iam illud quale est, quod se fingit sollicitum esse de Salute animarum, quo possit corpora cremare, ut post apparebit.
Calvinus. 18.
Vtinam sepulti essent Serveti errores. Sed dum eos volitare audio, tacere sine perfidiæ culpa non licet.
Vaticanus.
Tu ipse in causa es ut volitent, ut enim prioris eius libri nulla fere erat mentio, ita hic posterior poterat aliorū more vendi sine tumultu.

Nunc

Nunc postquam tu hominem cum libris combussisti, ardent omnes eius legendi cupiditate, & putant ibi aliquid fuisse boni contra te, propterea quod tu librum & tunc cremari volueris, & nunc maledictis obruere coneris. Has turbas omnes excitasti, quę sine te nullæ forent.

Calvinus. 19.

Quanquam non tam huius Lucubrationis, quam inflictę homini pœnæ, reddenda Ratio est. Nam quicquid a Senatu nostro actum est, mihi passim ascribitur. Nec sane dissimulabo mea opera consilioque jure in carcerem fuisse conjectum. Quia recepto huius civitatis jure criminis reum peragere oportuit, causaque huiusque me esse prosecutum fateor. Ex quo convictus, me nullum de pœna verbum fecisse non solum boni omnes viri mihi testes erunt, sed malis etiam concedo ut proferant si quid habent.

Vaticanus.

Principio cum rumor esset opera Calvini fuisse captum Servetum, amici Calvini id negabant, ut Calvinum ab hoc crimine defenderent. Nunc ipse suis hanc defensionem præripit: se authore factum confitetur, sed jure factum affirmat; quod an verum sit post disputabimus.

Calvinus. 20.

Sed quatenus progressus sum, non tanti est ut publico libro Calumniam, quam mihi aspergunt vel turbulenti homines, vel maligni, vel stolidi & ebriosi, purgetur. Alia ut video causa nunc agenda est.

Vaticanus.

Attendi-

Vaticanus.

Attendite per Deum immortalem hominis animum & concilium, horrebitis si vere perspexeritis. Vult ostendere non solum, se recte fecisse, sed ita etiam omnes hereticos tractandos esse ut tractatus est Servetus. Venit in mentem concilium Hamanis, qui pro nihilo duxit in unum Mardochæum mittere manus suas (audierat enim quod esset gentis Iudææ) magisque voluit omnem Iudeorum, quæ erat in regno Assueri, perdere nationem. Sic hic novus Haman parum habet unum extinxisse, nisi detur insuper propemodū universo hominum generi paria facere, vt ostendemꝰ. Vult enim occidendos esse omnes hæreticos: hæreticos etiā vult haberi omnes, qui ab ipso dissident. Ita fiet ut omnes Papistæ, Lutherani & Zvingliani, & Anabaptistæ, & si qui alij sunt, sententia Calvini sint interficiendi, solique supersint in terris Calviniani cum Turcis & Iudæis, quos excipit. Nam illos omnes a Calvino dissidere postea ostendemus.

Calvinus. 21.

An Christianis judicibus hæreticos punire liceat.

Vaticanus.

Quæso vos lectores, vt utriusque dicta benigne audiatis. Hoc volo ostendere, nullam a Calvino ad hoc probandum firmam rationem aut authoritatem adduci, eumque sola regnandi cupidine, sanguinisque inexhausta siti omnia hæc dicere, quæ dicit. Hæc nisi plana fecero, non recuso quo minus omnes me damnent.

Calvi-

Atque ut hic mihi cum duobus, hominum generibus negotium est, ita distincte utrosque ut merentur, tractabo. Multi hodie sunt turbulenti homines, quibus si liberum foret, quicquid intus conceptum habent, effutire, nihil non pro effræni sua audacia convellerent. Istis non mirum est si tantopere arridet impunitas, Licentiæ mater: facile etiam subscribent Epicuræi omnes ac Lucanici, quorum voluptati hoc unum deest, quod quæ inter se clanculum & ænigmatice sacrilegia obmurmurant, pleno ore crepare non audent.

Vaticanus.

Quæso re, Domine Calvine, si tibi lis esset de hæreditate cum aliquo, & is a Iudice postularet, ut sibi loqui liceret, tibi non liceret, nonne tibi diceres fieri injuriam? Cur alijs facis quod tibi fieri non vis? Lis est de Religione, cur alijs os præcludis? Nisi quia tibi male conscius metuis ne detegaris aut vincaris, atque ita deijciaris de dominatu tuo? Quem vero Lutherum, quem alioqnin tanti facere soles, appellabis? Epicuræum ne an imperitum? Is enim in postillis in. 13 Cap. Math. sic contra te loquitur. *Hic vero vide, vt malesani hactenus fuerim*, *qui Turcas bello, hæreticos igne, Iudæos necis metu, & alijs injurijs voluimus ad fidem compellere, & Zizania nostris viribus evellere, ac si nos illi essemus, quibus potestas esset in corda & spiritus, & in nostra manu ad justitiam & pietatem omnes homines revocare. Quod si unus*

,, unus Deus non faciat, manet perpetuo infee-
,, tum. Nos isto pacto vere homines potius a
,, verbo avellimus, eos perimendo ne possit in
,, eis aliquid operari: & duplicis necis (quantū
,, in nobis est) nos reos constituimus: Corporis,
,, quod perdimus morte temporaria, & anima-
,, rum, quas in gehennam detrudimus, morte af-
,, ficientes æterna: Postea jactamus obsequium
,, nos præstitisse Deo, ac peculiare nobis pollice-
,, mur hinc in cælo præmium. Iure igitur debe-
,, bat hic locus inquisitores hæreticorum et ho-
,, micidas illos (qui ob errorem quemlibet, qui ip-
,, sis videtur, homines adeo facile mactant, si
,, non esset illis frons ferrea, etiamsi quando ve-
,, re hæreticos in manibus haberent) perterrefa-
,, cere. Nunc autem exurunt veros sanctos, &
,, sunt ipsi hæretici. Quod quid aliud est, quam e-
,, vellere triticum, & præ se ferre evulsionem zi-
,, saniorum. Hæc agunt isti Homines vere amen-
tes, *& præterea nihil*. Vide Calvine, hic Lutherum a te damnari, & vicissim ab eo te hæreticum & homicidam, & frontis ferreæ, &
amentem appellari. Aude nunc vestram concordiam prædicare. Sed quid unum Lutherum
commemoro? Impressus est Liber, cui titulus
est: De hæreticis an sint persequendi, quo in
Libro citantur plurimi autores, quos universos
tu damnas. Citaptur enim ibi Augustinus,
Hieronimus, Hilarius, Chrysost. Theophilactus,
Pellicanus, Lutherus, Brentius, Otto Brun-
feldius, Vrbanus Regius, Cælius Secundus, S.
Castalio, Georgius Renbergius, & ipse Ioannes Calvinus, & alij multi, qui omnes contra
Calvinum pugnant, quos omnes nunc Calvinus

uinus uno in fasce colligatos conjecit una secum in cineres Serveti : Tantas sane inferias inimico suo mittens, tanta est ulciscendi cupiditas. Et postea audet dicere, eos sacrilegia obmurmurare: quasi vero non sit verisimilius eum sacrilegia & portenta meditari, qui sibi soli ac suis loquendi potestatem permitti postulat.

Calvinus. 23.

Denique quotquot poenæ metu magis quam pudore a male scribendo cohibentur, indigna tijrannide Ecclesiam opprimi contendunt, nisi cuique liberum sit, quæ placuerit in lucem proferre.

Vaticanus.

Male scribere putat omnes, qui non ipsius arbitratu scribunt. Itaque eos non solum a scribendo, sed etiam a loquendo arceri postulat, ut sibi soli quidvis effutiri liceat, & hanc negat esse tijrannidem. Pergit deinde & disputat contra Servetum quædam, que ego hic non ponam. Non enim Servetum, sed veritatem defendo. Ad finem sic loquitur:

Calvinus. 24.

Ad hæc, unde inter fidei violationem, & alia maleficia discrimen, nisi ex cerebro suo sumpsit?

Vaticanus.

Facillime sumi potest discrimen hoc vel ex parabola de satore, ubi qui semen acceperunt inter saxa vel inter spinas, fidem violant & a veritate, quam læti acceperant desciscunt, hic propter curas, ille propter persecutiones, & tamen eos nulla lex interfici jubet. Cur? quoniam

niam fidem, violant: sed proximo non nocent; quemadmodum nec invidi, nec avari aut vindictæ cupidi, si hæc vitia intus clausa teneant. Quod si Calvinus vult omnes hos interficere (qui tamen fidem violant, & in Dei conspectu nihilo sunt furibus aut homicidis meliores) quis supererit?

Calvinus 25.

Si vult Christi adventu mitigatum esse contra hæreses rigorem, testimonium proferat.

Vaticanus.

Quomodo mitigatum? Ante Christi adventum nulla sit in tota Lege hæreticorum mentio: & tu illic hæreticorum pænam petis, ubi nihil nominatur? Nam si putas rigorem non esse mitigatum, ostende rigorem ullum Legis fuisse in hæreticos ante Christi adventum: Ostende nomen hæreticorum. Neque vero nego tum quoque fuisse hæreticos: sed in eos pœnam Lege constitui non invenio: At in novo Testamento evitandos invenio. Itaque pœna non est vel mitigata, vel mutata: sed in novo Testamento constituta & inde petenda.

Calvinus. 26

Prodit alter fanaticus ex suo antro, qui Servetum vocat optimum suum fratrem, & ideo puniendos esse negat hæreticos, quia sacris oraculis sensum quisque suo arbitrio affingat, ut certa veritas quasi nubibus obvoluta jaceat.

Vaticanus.

Indignatur esse aliquē, qui dicat sacras literas esse obscuras: ipse putat apertas: In quo pugnat contra Zwinglium, qui putat obscuras pugnat contra seipsum, qui ad has tam apertas

Literas

Literas aperiendas, pene innumeros edidit Commentarios: pugnat contra eos omnes qui hactenus tam multos de his libros & scripserunt, & quotidie scribunt, ut omnibus legendis non sint satis tres ætates hominis. Ipsemet in præfatiuncula in suas institutiones, dicit suum institutionum Librum esse ad Scripturas intelligendas instrumentum necessarium: Denique multos jam annos quotidie concionatur, scribit, Disputat, ad declaranda ea, quæ dicit esse clarissima.

Calvinus. 27.

Ita bonus interpres fidem ex hominum cordibus delere mavult, quam poenis subijcere, qui eam labefactant.

Vaticanus.

Non delet fidem ex hominum cordibus qui hereticorum poenam vult in adventum Iudicis differri: nisi vis Christum ipsum accusare, qui jubet usque ad messem zizania relinqui: Nec item a poenis vindicat, qui vult eos suo tempore a Deo, non permature ab hominibus puniri.

Calvinus. 28.

Qualis enim extabit religio? 2. Quibus notis discernetur vera Ecclesia? 3. Quid denique erit Christus ipse, si incerta sit ac suspensa (4) Pietatis doctrina?

Vaticanus.

1. Erit fundata in fide certa de rebus quæ sperantur, non cernuntur, qualis fuit Abrahami, qui jussus migrare, paruit, cum nesciret quo vaderet: Iussus mactare filium, obedivit, cum tamen eventum ignoraret. Sed eius erat cer-

ta fides, quia fidelis Deus promiserat. 2. Charitate, quę a fide proficiscitur, cuius pręceptio, certa est. *In hoc enim, inquit, cognoscent Homines vos esse meos discipulos, si dilexeritis vos inter vos* 3. Lapis offensionis ijs, qui nihil volunt credere, nisi quod intelligunt. *Est enim fides rerum quæ non cernuntur. Beati qui non viderunt & crediderunt.* (4) Pietatis doctrina: Diligere inimicos, benefacere ijs qui nobis malefaciunt: Esurire & sitire Iustitiam: beati qui persecutionem patiuntur propter Iustitiam: Ve vobis, cum de vobis benedicunt omnes Homines: sic enim faciebant falsis Prophętis. Hec & alia huiusmodi certa sunt, etiamsi ignorentur obscurę illę questiones de Trinitate, de Predestinatione, de Electione, & cetere, propter quas Hęretici habentur homines, & quas multi pij ignorarunt.

Iohā.13. 35.
Hebr.11 1.
Iohā.20. 29.
Matth. 5
Luc. 6.
Nota.

Calvinus 29.

Quantum vero Dei probrum est, si ita (1) flexiloquus censetur in suis oraculis, ut nobis jocose illudat? atqui nisi certa Religio prodita sit in Scripturis, sequitur nos ambagibus, imo fallacijs ab ipso frustra occupari.

Vaticanus.

Imo quantum Dei probrum, nisi sit flexiloquus? Nam si aperte loqueretur, obijceret margaritas porcis, cum oracula legant multi porci. Primū Paulus ait, Iudæos velatum habere vultū dum Legē legunt, nec posse intendere in Christū, qui finis Legis est: ut vniversa Lex Iudæis nihil aliud fuerit, quam flexiloquentia. Atque idem docet Moises: *Quæ sunt abscissa inquit, ea sunt Domini Dei nostri: quæ aperta vero, ea sunt nostra.*

2.Cor.3
Deuter. 29.29

nostra, & nostrorum filiorum in æternum, ad exequenda omnia quæ dicta sunt in hac Lege. Quasi hoc diceret: Quæ in hac Lege in ceremonijs & cæteris significantur, ea nobis occulta, sunt penes Deum condita. Sed quæ nos facere jubet, ut de amando Deo & proximo, de non occidendo, & furando: itemque de sacrificando & cæteris, ea nobis aperta sunt, quod ad obedientiam attinet, ut ea faciamus: etiamsi quæ ibi latent, ignoremus. Hæc enim est vera fides & obedientia, tantum tribuere Deo, ut facias quæ jubet, etiam si nescias quorsum spectat. Ipse Esaias oraculū suum vocat Librum clausum, quem nec illiterati, nec literati possint intelligere. In fine Danielis scriptum est, id oraculum esse obsignatum usque ad tempus ultimum, nec intellectum iri ab ullis impijs. In psalmis proponuntur quædā ænigmata, quæ nihil aliud sunt quam flexiloquentia. Hic certe fatendum est, Deum esse flexiloquum, nec tamen jocose illusisse, ut calumniatur Calvinus: *Nam Dei gloria est abscondere verbum*, & Calvinus putat probrum esse. Neque vero dici potest in novo Testamento non esse flexiloquium, cum ibi scriptum sit, Christum cum externis non nisi par parabolas agere, hoc est, flexiloquentia: sed Discipulis omnia seorsim aperire. Ex quo apparet sacras literas non nisi a Christi discipulis vere intelligi posse. Sunt autem Discipuli Christi qui ei obediunt & charitatem habet, ut supra dictum est: ij soli eas intelligunt: cæteris quidem, quamvis omniū scientiarum peritis, sunt Laqueus. Viderelicet Apocalypsim mera esse ænigmata, quæ a solis sapienti-

Esa. 29.
11.
Daniel.
12. 9.

Pro 25.

Marc. 4.
33. 34.

entibus, hoc est, Deum timentibus possint perspici. Est enim Liber clausus, quem solus agnus aperire potest. Paulus ipse de Antichristo, & ultima tuba, & Christi adventu, ænigmatice vaticinatus est: Denique omnia sunt ęnigmatum plena, quæ erit maxima Dei gloria, cum hæc ænigmata suis, hoc est pijs ad extremum aperuerit: & Calvinus putat Deum affici probro, si dicatur flexiloquus, cum ea demum vera certaque fides sit, credere Dei dictis flexiloquis, quæ non intelligas, quoniam persuasum habeas eum esse veracem. Nihil ve igitur certum est? Imo omnia, que sunt nobis ad salutem adipiscendam, & ad obedientiam, officiumque nostrum necessaria. Certum est ea omnia esse vera, que sunt in sacris literis. Certum est Iesum esse Christum, esse Dei filium, & ea gessisse quæ de eo scripta sunt. Certum est nostro tempore detectos esse plurimos, & eos ita crassos errores, vt palpari possint. Certa sunt pietatis precepta, de amando Deo & proximo, de amandis inimicis, de patientia, de misericordia, de benignitate, & cæteris huiusmodi necessarijs officijs. Sed nos hæc, que sunt officij nostri negligentes, de Dei officio sumus solliciti, & perinde, ac si ei fuerimus a consilijs. De eius æterna Electione multa disputamus, & de Predestinatione, & de Trinitate, que nunquam vidimus affirmantes, et quæ sunt ante pedes omnia contemnentes. Hinc nascuntur questiones infinitæ, quarum exitus sanguinis inopum & imbecillorum, si nobiscum sentire nolunt, effusio est.

apoc. 5.

Calvinus.

Quid

Calvinus. 30.

Quid superest? Nisi ut eiusmodi homines viam petulantię suę facturi, Scripturam, quę obstaculo est, penitus submoveant.

Vaticanus.

Mera calumnia est. Non submovet Arcam oraculi, qui dicit esse clausam. Non submovet Esaiæ aut Danielis ænigmata, qui dicit ea intellectum iri vltimo tempore.

Calvinus 31.

Interea verum esse, quod nuper dixi, apparet, tum Lucianicos, & crassos Dei contemptores, tum etiam omnes tumultuosos suam causam agere, ut omnia impune perturbent, *dum Religionem tuendam a principibus suscipi, & Legum pœnis vindicari nolunt.*

Vaticanus.

Hic grauiter damnat Lutherum suum & Augustinum, cæterosque omnes quos supra citavimus, & eos omnia uno in fasce impune & tuto perturbare velle dicit. Callidus & quorundam latronum similis, qui viatores admonent ut caveant a latronibus, quo suspitionem declinent. Sic Calvin⁹ cum velit omnia perturbare, alios huius criminis accusat, ne quis hoc de ipso suspicetur. Certũ est in persecutionib⁹ (quales hic molitur) maxime perturbari omnia ut ipse interficiendo Serveto non solum Genevam suam, sed totam pene Europam perturbavit, & plurimorum animos gravissime labefactavit. Iam quod dicit alios suam causã agere, hoc ipsemet agit. Olim enim cum persecu-

secutionem pateretur, scripsit contra persecutionem longe aliter quam hic. Ac ne quis hac de re dubitet, ponam eius verba ex Institutionibus primis: nam in secundis, ut causam suam ageret, omnia perturbavit. Sic igitur loquitur in primis Institutionibus Cap. 2. pag. 144. de excōmunicatis: *Qui vero* aut nobiscum non
,, *consentiunt* in eandem fidem, aut etiam si con-
,, fessionem *in labris* habent, Deum tamen, quem
,, ore *confitentur*, operibus abnegant (ut quos
,, videmus in omni *vita* sceleratos ac perditos,
,, peccandi voluptate ebrios, malisque suis in-
,, dormientes) huiusmodi omnes suis se inditijs
,, produnt non esse ad presens Ecclesię membra.
,, In hunc usum constitutę sunt excommunica-
,, tiones, quibus a fidelium consortio abdicaren-
,, tur atque expellerentur ij, qui fidem Chri-
,, sti falso obtendentes, vitę nequitia, effręnique
,, peccandi licentia nihil aliud sunt quam scan-
,, dala Ecclesię, ideoque indigni qui Christi no-
,, mine glorientur. Primum ne cum Dei contu-
,, melia inter Christianos nominentur, ac si san-
,, ctae eius Ecclesia foret maleficorum & publica
,, improborum hominum conjuratio. Deinde ne
,, frequenti consuetudine alios corrumpant per-
,, versę vitę exemplo. Postremo ut eos ipsos pu-
,, dore confusos suæ turpitudinis pœnitere inci-
,, piat, ac ex ea pœnitentia resipiscere tandem
,, discant. Tales quidem judicare, possumus pro
,, tempore ab Ecclesia alienos, quantum cernere
,, datur, ac secundum eam, quam diximus notitię
,, regulam. Verum ne sic quidem desperandi a no-
,, bis sunt, quasi extra manum Dei abjecti, ac om-
,, nino nephas quempiam expungere ex electorum

nume-

numero, aut desperare quasi jam perditu, nisi quos certo constet verbo Dei jam damnatos: ut si quis data opera ac destinata malitia veritatem oppugnet, ut opprimat Evangelium, & nomen Dei extinguat, & Spiritui sancto resistat. De ijs enim jam ore Dei pronunciatum est, cum dixit, non remitti peccatum in Spiritum sanctum, neque in hoc seculo neque in futuro. Quod raro adeo a nobis sentiri potest (si vnquam tamen potest) ut sanioris sit consilij expectare diem revelationis, nec temere juditio Dei præire. plus licentiæ ne nobis in judicando arrogemus, nisi volumus Dei virtutem limitare, ac misericordiæ eius legem dicere, cui quoties visum est, pessimi in optimos mutantur, alieni inseruntur, extranei cooptantur in Ecclesia, ut sic hominū opinionem eludat & temeritatem retundat, ne sibi judicandi ius supra quam decet vsurpare audeant. Danda potius opera, ut mutuo candore alter de altero quam poterit optime fieri sentiamus: alij aliorum facta & dicta vicissim in optimam partem accipiamus, non, ut suspicaces solent, oblique ac sinistre torqueamus. Quod si qui ita perversi sunt ut de se bene sentiri non permittant, eos tamen in manum Dei committamus, bonitatique eius commendemus, meliora de his sperantes, pacem & charitatem alamus, nec stolide irrumpentes in secretiora Dei juditia, errorum tenebris nos involuamus. Et vt vnico verbo absolvam, non personam ipsam, quæ in manu atque arbitrio Dei est in mortem abdicemus, sed tantum qualia sint cuiusque opera æstimemus ex lege Dei, quæ boni & mali regula est.

C

,, est. In hunc sensum accipiendę sunt excommu-
,, nicationes, non quibus deijciantur ex spe salu-
,, tis, qui coram hominibus abdicantur ex Eccle-
,, siæ grege, sed vt in viam redeant, quemadmodũ
,, Paulus scribit, se tradidisse hominem Sathanæ
,, in interitum carnis, ut spiritus salvus fieret in
,, diem Domini, hoc est(ut ego quidem interpre-
,, tor) conjecisse in damnationem temporariam,
,, ut in æternum salvus fieret. Itaque tametsi fa-
,, miliarius versari aut interiorem consuetudi-
,, nem habere cum excommunicatis per Ecclesi-
,, asticam disciplinam non liceat, debemus ta-
,, men contendere quibus possumus modis, sive
,, exhortatione ac doctrina, sive clementia ac
,, mansuetudine, sive nostris ad Deum precibus,
,, ut ad meliorem frugem conversi in societatem
,, ac vnitatem Ecclesiæ sese recipiant. *Neque ij*
,, *modo sic tractandi sunt, sed Turcæ queque ac Sara-*
,, *ceni, ceterique vera Religionis hostes, tantum abest*
,, *ut probandæ sint rationes, quibus eos ad fidem no-*
,, *stram adigere hactenus moliti sunt, dum aqua &*
,, *igne, communibusque elementis illis interdicunt,*
,, *cum omnia illis humanitatis offitia denegant, cum*
,, *ferro & armis persequuntur.* Hæc tum Calvinus,
quæ omnia, si quis cum ijs quæ nunc facit &
scribit conferat, tam pugnatia videbit, quã pugnant Lux & tenebræ. Nunc enim vires nactꝰ,
causam suam agit. Et quia Servetũ interfecit,
vult omnes interfici, qui a se dissentiunt, & per-
sonas ipsas contra suam ipsius normam in mortẽ
addici. Itaque mirum non est, si vult alijs silen-
tium imponi: metuit enim ne suam hanc in deterius mutationem & inconstantiam detegat
aliqui

aliquis, Itaque ergo lucem reformidat, quia male agit.   Neque vero est quod dicat, se tum de homine leviter peccante scripsisse. Imo scripsit de ijs quos videmus in omni vita sceleratos ac perditos (ut ipsius verbis vtar) peccandi voluptate ebrios, malisque suis indormientes, qualem vix credibile est fuisse Servetum : Etiamsi jam vera forent, quæcunque ei Calvinus imponit: Et tamen si talis fuisset, debuit Calvinus sua regula in eum vti, non ipse secum ita pugnare.

Calvinus. 32.

Sed jam ad bonos & simplices me converto, qui inscitia quidem labuntur, præcipue tamen tijrannicis Papistarum edictis offensi, a recto juditio declinantur. Vident cum impie sub Papatu fœdata sit Religio & corruptelis innumeris referta, meris terroribus diabolicam illam confusionem fulciri, vt contra vel syllabam vnam mussitare capitale sit.

Vaticanus

Quis cœlum terræ non misceat & mare cœlo, si fur displiceat verri, si homicida Miloni? Hic homo invehitur in eos qui faciunt quæ facit ipse. O frontem effrontem, qui hoc toto Libro id unum agit, ut sua ferro defendat & contradicentes ferro tollat, is de aliorum tijrannide & terroribus conqueritur: cum ipse Genevam terroribus ita compleverit, ut ipsi consules (nisi qui jam sunt hostes aperti) mussitare non audeant.

Calvinus.

Calvinus. 33.

Iusta sane offensio, veritatem Dei cernere & ferro & ignibus oppressam, ut nemo eam suo patrocinio juvare audeat. Errores vero Legitimi judicij prætextu violenter septos, ut coarguendi nulla sit libertas. Atque hęc querimonia pijs omnibus communis est. Itaque non taciti solum gemimus, sed clara voce deflemus, eo servitutis redactum esse miserum orbem, ut nec ulla disceptatio locum habeat, nec qui presulu nomine dominantur, vocem aliquam suis placitis dissonam admittant; Nec denique dubitare vel inquirere permittant.

Vaticanus.

Ego non possim gravius in Calvinum invehi quam ipse in seipsum invehitur. Nam hæc omnia prorsus eodem modo facit quæ culpat in alijs.

Calvinus. 34.

Barbaries est non ferenda, ubi nulla viget cognitio, possessionem nullo jure nec ratione munitam, gladio tueri.

Vaticanus.

Cur ergo tuam gladio tueris? Cur ergo Hieronymo, cur Gribaldo, cur Serveto (ut multos alios taceam) non fuit apud vos libera ex quo loco disceptandi potestas? Estne apud vos libertas in carcere? Si rationem habes, cur ea contentus non es? Cur vi rem geris? Cum scripseris ad Regem Daniæ, pelli e medio sapientiam, ubi vi res geritur, Cur pepulisti e medio sapientiam.

Calvinus. 35.

Verum cum sanctos Dei Prophetas & Apostolos

los olim similis premeret iniquitas, non negarunt, quin Dei cultum & cœlestem eius doctrinam fas esset legittima potestate defendi, ut de impijs eius eversoribus pœna deuinitus præscripta sumeretur. Severum certe, ut postea videbimus, judicium Deus in eos constituerat, qui populum tentassent a vera religione abducere.

Vaticanus.

Neque nos negamus. Sed quinam sint impij isti eversores controversia est. Neque enim pro impijs doctrinæ cœlestis eversoribus protinus habendi sunt si quia Calvino in rebus controversis dissident. Exemplum afferam, quo tota res illustrari possit. Erant ante & tempore Christi Iudæorum sectæ quatuor, Scribæ, Pharisæi, Saducæi et Essæi: Hi omnes de Lege bene sentiebant: sed eam alij aliter interpretabantur. Si quis eorum Legem negare aut impie evertere tentasset, et suos ad Iovem aut alium Deum colendum abducere, is merito pœnas dedisset. Itaque merito puniverunt eos Machabæi, qui in Iudæorum gijmnasia ritis Græcorum invexerant. Sed sectas illas ferro puniri nulla Lex jubebat, qui non impie & de industria Legem everterent, sed in Legis interpretatione errarent. Sic hodie sunt multæ sectæ Christianorum, quæ omnes pie & religiose sentiunt de Evangelio, sed id alij aliter interpretantur. Si quis Evangelium, quod ante professus fuisset, plane negaret, & de Christo, aut de Deo malediceret: ac petulanter blasphemaret, pro eo loqui equidem minime vellem. Sed qui dicta Christi credens ea aliter quam

nos intelligit, eum impium religionis eversore
esse non credo: Est enim aliud impietas, aliud
error. Si Calvinus fuisset Pharisæus, occidisset omnes scribas & Saduceos & Esseos, nec eos
Christo docendos reliquisset. Ego vero ante
adventum Christi illos non arbitror vocari
potuisse hereticos, sed postquam Christus ad-
venit, qui ei rite monenti non paruerunt, fuerut
heretici & pertinaces: Sic hodie tot sectas non
puto debere omnes hæreticas appellari : Sed
Luc. 21b. cum venerit os & sapientia, cui resistere nemo
possit, huic si quis non obsecutus fuerit, eum
habebo pro hæretico. Quod si Calvini sapientia talis esset, ego nunc rite contradicere nõ
possem : Ex quo apparet illum non esse præ-
ditum illa sapientia. Itaque expectandus est
Iudex Christ⁹, nec temere Dei judicio præeun-
dum, ut ipsius Calvini verbis supra positis u-
tar.

Calvinus. 36.
A sceleratis tyrannis Ieremias ad capitale supplicium tract⁹ & in foveam projectus, ad hoc
asylum minime confugit, Cultum Dei non esse
gladio vindicandum: Sed diversa exceptione
utitur, poenam daturos veritatis hostes, ubi innoxium sanguinem fuderint.

Vaticanus.
Ineptissime citatur hoc exemplum, propterea
quod nondum fuerat Ieremias in foveam projectus. Sed hic est Calvini lapsus memoriæ,
cui facile dari venia potest, tametsi ipse aliorum errores ferre non vult. Erat Ieremias
captus à Sacerdotibus & falsis Prophetis, qui
ei mortem gravem inferre tentabant & cona-
bantur.

bantur, quoniam vaticinatus fuisset contra Hierosolimam. Hinc Ieremias sic eos alloquitur: Equidem sum in vestra manu, facite quod vobis visum fuerit. Sed hoc scitote, si me interfeceritis, futurum esse, ut vos, & hæc civitas, & eius habitatores pœnas detis sanguinis innocentis. Hic vides non agi de Religione, sed de Homicidio. Non enim eis pœnas minatur, si veritati adversati fuerint, sed si sanguinem insontem effuderint: & minatur non a Magistratu (volebant enim ipsi eum occidere, non per Magistratum) sed a Deo. Atque hoc exemplum potest nō pro Calvino, sed pro Serveto allegari. Poterat enim dicere Sacerdoti Calvino & Genevensibus: Equidem sum in vestra manu, sed si me interfeceritis, dabitis Deo pœnas homicidij. Sunt & alia apud eundem Ieremiam exempla huic loco convenientiora. De contempta veritate, sed Calvino plane contraria. Monet Ieremias Sedechiam ut se dedat Caldæis, quod si renuat, prædicit ei a Domino graves pœnas. Hic nulla mentio Magistratus. Monet Ananiam falsum Prophetam, ut desinat suis blanditijs populum decipere: Cum ille in errore perseveraret, prædicit ei mortem, sed a Domino, non a Magistratu.

Calvinus. 37.

Quid Apostoli? an expostulant cum adversarijs qui Religionem ex Legis mandato pœnis defendant? Imo sola causæ bonitate freti, nullam severitatem refugiunt, si quid peccasse deprehensi fuerint.

Vaticanus.

Neque

Neque expostulant cum eis qui adhuc circuncisionem & alias ceremonias tuerentur, quas tum Christus aboleverat? An sequitur propterea recte fecisse illos, qui legem ceremonijs defenderent? Calvinus argumentis destitutus, cum non possit dicere, aiunt, dicit, non negant, ut paulo ante de Apostolis & Prophetis: non negarunt inquit: & mox de Ieremia: Ad hoc asylum minime confugit. Hoc pacto licebit defendere errores innumerabiles: Non negarunt Apostoli orandum esse pro mortuis: non negarunt esse purgatorium: Non negarunt eundum esse ad Missam, ergo Licebit. Si haberet hic homo argumenta vera, nunquam sic ineptiret.   Calvinus. 38.

Hilarium quidem longius provehi fateor: Quęritur enim Ecclesiam carceribus & exilijs terrere, atque ita cogere ad credendũ, quę exilijs & carceribus est credita, nimis propensam esse ad dignitatem faventium, quę persequentium terrore consecrata est: Fugare sacerdotes, quę fugatis sacerdotibus est propagata: gloriari mundi favore, quę Christi esse non potuit, nisi eam mundus odisset. Sed illi (1) Auxentij & similium ferocitas stomachum movit, ut presentem magis indignationem carperet (sicuti plausibile illi dabatur argumentum) quam perpetuam tuendę fidei rationem expenderet.

Vaticanus.

Quod est in Hilario optimum, id vituperat Calvinus: Nam si Hilarij verba consideres, sunt plane divina. Atque idem Calvinus eundem Hilarium contra eundem Auxentium citat & laudat in prefatione suarum institutionum his verbis:

verbis: *Et sane id jam summi vitij loco ducebat quia stulta episcopalis dignitatis admiratione occupati, latentem sub ea larva exitialem Lernam non animadverterent. Sic enim loquitur: Vnum moneo: cavete Antichristum: male enim vos parietum amor cœpit: Male ecclesiam Dei in tectis ædificijsque veneramini, male sub ijs pacis nomen ingeritis. An ne ambiguum est in ijs Antichristum esse sessurũ? Montes mihi, & Sylvæ, & Lacus, & carceres, & voragines sunt tutiores, in ijs enim Prophetę aut manentes, aut demersi prophetabant.* Hæc tum Calvinus causæ suæ serviens scribebat. Nunc postquam factus est Episcopus, vertit folium, & occupatis stulta Calvinianæ dignitatis admiratione animis hominum, exitialem sub ea Larva Lęrnam nutrit. (1) Imo Calvino audacia Serveti (qui se reprehendere non dubitasset) stomachum movit, ut presenti magis ultioni indulgeret (sicuti plausibile illi dabatur de Trinitate argumentum) quam perpetuam tuendæ fidei rationem ab Hilario optime descriptam expenderet.

Calvinus. 39.

Nam quod inopem suæ virtutis Christum argui caulatur, dum fide terrena suffragia commendant. (1). non debet in eam partem trahi, quasi Evangelij certitudini quicquam deroget credentium authoritas, vel Religio vilescat Regum patrocinio adjuta: sed in eos tantum querimonia dirigitur. (2). qui Dei verbo destituti (3). manu armata perversos errores sustinebant.   Vaticanus.

Vaticanus.

Esdr. 8. Tamen Esdras cum ex Babilonia rediret, nullũ
22. a Cijro rege præsidium postulare voluit cõtra
hostes, quod diceret, domini in præsidio tutos
esse omnes, qui eum rite invocarent. Et apud
Esa.63.3 Esajam Christus dicit se solum calcasse torcular, nullo sibi de populis auxiliante (2.) Non minus habebant Dei verbum quam Calvinus:
Erant enim Christiani ut tu. (3) Nam si veritatem haberes, daretur tibi os & sapientia, cui
resistere nemo posset: Sed de infirmitate verbi
tui conscius, advocas armatam manum.

Calvinus 40.

Ibidem hodie deflere licet statum Papalis
Ecclesiæ non nisi vi & cædibus suffultum esse,
omisso Pastorum officio (1) tyrannicis solum
edictis fulminare, qui se præsulum titulo venditant: (2) cum vera & genuina Christi Ecclesia ex persecutionibus orta, sub ijsdem floruerit.

Vaticanus.

Et hæc scribit Calvinus manibᵒ adhuc Serveti sanguine cruentis, qui nisi se tyrãnicis edictis tueretur, & præsulis titulo venditaret, non
posset stare adversus eos, quibus notus est. Nã
pastoris officium non aliud novit, quam illi ipsi quos accusat. Libet hic edictum ponere Magistratus Genevensis, cuius authoritate muniuntur Institutiones Calvini. Fuit autem edicti
causa hæc, Fuit Genevæ quidam civis nomine
Trouillet, is in Calvini Institutionibᵒ ausus est
quedã reprehendere: Hanc ob causã in jus vocatus est: Postquã diu litigatum est, fit senatusconsul-

consultum gallico sermone in hæc verba:

Estans ouys en conseil & savans Ministres de la parolle de Dieu, Maistre Guillame Farel & Piere viret, & apres eux spectables Maistre, Iohan Calvin & maistre Iohan Trouillet en leurs dires & reproches souvent debatues, de l'Institution Chrestiene du dict monsieur Calvin, & le tout bien consideré le conseil arresté & conclu que toutes choses bien oyes & entédues a prononcé & declaré le dict livre de l'Institution du dict monsieur estre bien & sainctement faict sa doctrine estre saincte doctrine de Dieu, que lon le tient pour bon & vrai ministre de ceste Cité, & que de ici a l'avenir personne ne soit osé parler contre le dict livre ou la dicte doctrine. Commandans aux pareilles & a tous se doivent tenir a cela. Le Merquedi, que fut neufieme de Novembre. L'an mille cincq cens cincquante et deux, hoc est.

Cum auditi essent in Senatu spectabiles doctissimique ministri verbi Dei Magister Guilhelmus Farellus & Petrus Viretº, & post eos spectabilis magister Iohannes Calvinus, & Magister Iohānes Trouilletus in suis dictis & objectionibus jam sepe disceptatis super Institutione Christiana ipsius Domini Calvini, omnibº bene consideratis Senatus fert & decernit in hūc modum. Omnibº rite auditis & intellectis Senatus pronunciavit & declaravit, pronunciat & declarat eum Librum Institutionum superius nominatū Domini Calvini esse bene & sancte factum, eiusque doctrinam esse sanctā doctrinam crinam Dei, ipsumque authorem haberi pro bono & vero Ministro huius Civitatis. Itaque edicitur ut deinceps nemo audeat loqui contra eum librum, & doctrinam eius. Mandatur ambabus partibus & omnibus, ut hoc decreto stent. Datum die Mercurij quod fuit nona Novembris Anno milesimo, quingentesimo quinquagesimo secundo.

Perpende Lector hoc scriptum, videbis quibus armis munita sit hui⁹ hominis doctrina, & quam indignum sit eum in Papistas invehi, cum ipse faciat eadem (2.) Et Genevensis Ecclesia qualis fuit ex persecutionibus orta, sub ijsdem floruit duce farello. Nam cum vigebat Genevæ nonnulla Charitas. Sed nunc postquam ipsa se Calvinianis armis, hoc est ferro tueri cœpit defloruit maturo fructu, versumque est eius argentum in scoriam.

Calvinus. 41.

Verum non obstant persecutionum gladij, quo minus suis sceptris pij Magistus ecclesiam, que injuste afflicta olim fuit, tueátur. Nec martijrum cruces impediunt; quo minus justo Legum præsidio, ad Deum tranquille colendum fideles juventur. Vaticanus.

Si te armis Servetus oppugnasset, recte a Magistratu defens⁰ fuisses: sed cum scriptis oppugnaverit, cur contra scripta ferro flammisque pugnasti? Hoccine vocas defensionem pij Magistratus? Nullane apud vos alia pietas est quam rapere in ignem peregrinos, istac sine vllo tumultu transeuntes? & audes in Papistas invehi? Ostende apud Papistas vllum Lutheranum aut Calvinianum esse raptum ex Missa in carcerem,

carcerem, sicut Servetus apud vos ex concione.

Calvinus 42.

Prudenter enim Augustinus (1) Imperatores, inquit, si in errore essent (quod absit) pro errore suo contra veritatem Leges darent, per quas Iusti & probarentur & coronarentur, non faciendo quod illi juberent, quia Deus prohiberet: Sicut jusserat Nabuchodonosor ut aurea statua adoraretur, quod quia facere noluerunt, Deo prohibenti placuerunt. Quando autem Imperatores veritatem tenent, pro ipsa contra errorē jubent, quod quisquis contemserit, judicium sibi accersit. Nam & inter homines pœnas luit, & coram Deo sortem non habet, qui hoc facere noluit, quod ipsa veritates per cor Regis iussit: Sicut ipse Nabuchodonosor postea miraculo commotus atque mutatus pro veritate contra errorem edictum proposuit

Vaticanus.

Prudenter, ne dicam malitiose, dissimulat Calvinus Locos Augustini, in quibus loquitur contra persecutiones, & totum hunc Calvinianismum damnat: Libro 3. contra Cresc: Item de fide & operibus Cap. 5. Et epistola 158. & 159. ad Marcellum & 150 ad Appen. & in Libro quæsti: Evangelij secundum Math. Cap. 13 & contra Epistolam Manichęi, alijsque locis. Hi omnes loci Calvino nullius sunt momenti: Ibi ei fuit Epicureº aut Lucianicus Augustinº, aut certe Imperitus. Atque hic est sane istorum hominum mos, ut ex ijsdem authoribus alia damnent, alia laudent arbitratu suo, sed ea potissimū dam-

damnent, quæ sunt clementiæ Christianæ convenientiora, ut intelligatur ipsos ab omni misericordia abhorrere. Sed tamen perpendamus Augustini dictum: est enim Calvino plane contrarium. (1). Erunt autem multi in errore ultimis temporib*, ut Christus ostendit, qui dicit se non inventurum fidē in terris cum veniet. Et Paulus dicit, ultima tempora fore pessima. Et Iohannes in Apocalypsi, qui dicit adorari a Regibus bestiam & denique oppugnari agnum. Plurimi sunt tales Loci in sacris Literis: Itaque dabunt Imperatores & Magistratus ultimis, hoc est nostris temporibus Leges pro errore contra veritatem: Et Calvinus cum eos ad persequendum inflammat, nihil facit aliud quam eos contra veritatem armat, putant enim omnes se tenere veritatem.

Luc. 18.
8.
2 Timot.
3.1.
Apoc.17
14.

Calvinus. 43.

(1) Qui regulam ex puro Dei verbo petunt, rite & ordine ab illis Religio colitur. (2). Si quis sibi cultum fabricat pro arbitrio, vel fortuito, quod ab alijs temere commentum est arripit, quo magis sataget, eo se majore reatu constringet, quia nihil laudis meretur superstitio.

Vaticanus.

(1) Hoc faciunt omnes sectæ. Dicit Calvinus omnes errare preter suam Sed quis nobis eum Iudicē dedit? Cur non expectatur Iudex Christus? (2) hoc facit ipse Calvinus in suo die Mercurij, canendis psalmis certis diebus & alijs ceremonijs. Non reprehendo ordinem, sine quo contineri non potest multitudo. Sed scio quam superstitiose hæc serventur.

Calvi-

Calvinus. 44.

(1) Si verus & legittimus Dei cultor, quatenus feret eius vocatio, pro fidei suæ defensione pugnabit, incredulos cœca (2) rabies arripiet.

Vaticanus.

Scilicet armis suis, Iustitia, fide, patientia, cęterisque virtutibus, quæ arma Christianis tribuit Paulus. At Calvinus ferrum. (1) Si hominem Christi nomen invocantem, & nullius facinoris non modo convictum, sed ne accusatū quidem, torrere flammis non est cœca rabies, nulla potest esse cœca rabies. *Ephes.6. 1.Thess. 5.8.*

Calvinus. 45.

Ita in Papistis stultum & scientia vacuum Zelum, qui eos precipitat, merito damnamus, non minus scilicet quam insanas superstitiones, quibꝰ fascinati, superbe Dei verbum conculcant.

Vaticanus.

Cur ab eis torrere homines didicisti? An te morem istum a Christo didicisse dices? Dic unde didiceris?

Calvinus. 46.

Si pręposteri zeli vitium ex ignorantia manat, cur non laudabilis, erit ille zelus, qui non fortuito raptat. 1. Dei filios, sed ad fidem, quæ illis solide testata est, 2. asserendam inflammat?

Vaticanus.

Si Dei filij essetis, Dei opera faceretis. Sed homines non interficiendos interficitis. Hoc nunquam fecit Dei filiꝰ (2) fidem suam asserere non est hominem cremare, sed potius cremari. Qui perseveraverit usque ad finem, inquit, salvus erit: Quomodo? Persequendo? Imo patiendo. Hęc est vera, sed Calvino ignota fidei assertio. *Matth. 10.22.*

Cal-

Calvinus. 47.

1. Denique sicut inter martyres & blasphemos in poenę similitudine, culpa tamen discrimen statuit; (2) sic pios & rectos Zelotas cognitio; Iniquos & perversos temeritas & coecus impulsus facit.

Vaticanus.

Itaque discrimen est inter Raimonetum, qui propter horrendas & indubias in Deum blasphemias Genevę securi percussus est: Et Servetū, qui de Deo quam potuerit optime scripserat, & si quid male scripserat, errans fecerat, sicut ipsemet Farellus ad populum, orante ante rogum Serveto, testatus est. Nec non ipse Calvinus, qui in huius Libri titulo errores appellavit. Neque Raimonetus dixit unquā, se errantem fecisse, nec suas blasphemias unquam defendit, ex quo apparet, quantum sit discrimen inter eum & Servetū (2) Ita est. Pios autem zelotas instruit Christus cum dicit: Nescitis cuius spiritus sitis. Filius hominis non venit ad perdendum, sed ad servandum. At Lupus non venit nisi ut mactet.

Calvinus. 48.

Trahetur ad supplicium, qui figmentum esse contendit, quicquid sacris oraculis proditum est. Quis tale monstrum honorifico martyris titulo ausit ornare? Nempe ut ipse Agustinus recte definit: Martijrem facit causa, non poena.

Vaticanus.

Hic homo vult eos, quos ipse pro haereticis habet, hac invidia gravare & invisos reddere, cum nemo plus tribuat sacris oraculis, quā qui vulgo pro haereticis habentur. Nam qui negāt

sacras

sacras Literas, ij non hæretici, sed infideles &
impij habendi sunt. De quibus nos hic non
agimus.

Calvinus. 49.

Ergo hic tenenda est prudentia & moderatio,
ne vel pro causa (1) incognita tumultuose effer-
veatur principes, vel (2) inani sævitia ad sanguinem fundendum ruant.

Vaticanus.

(1) Scilicet non fuerint incognitæ causæ propter quas Servetus perijt, De Trinitate, de Fato,
de Libero arbitrio, & cęteris, cum de eis ambi-
gat & disputet totus mundus. Sed Calvino
nihil est incognitum. (2.) Si hominem vivum,
maleficij ne reum quidem, viridi ligno torrere
immanis sęvitia non est, ostende quid sit sęvitia.

Calvinus 50.

Veteri proverbio audax inscitia vocata est;
superstitionis vero mira est tam audacia, quam
crudelitas.

Vaticanus.

Ita est: & audacia & crudelitas apparet in
interficiendis ijs, quos Deus vetuit interfici.

Calvinus. 51.

Itaque videmus nihil hypocritis, cum suæ in-
scitię & erroribꝰ secure indormiant, magis esse
sanguinarium. Nec vero fieri aliter potest, quin
patris sui ingenium referant increduli omnes, *Ioha. 8.*
qui & homicida fuit ab initio & mendacij
pater.

Vaticanus.

Ego hæc in Calvinum scripturus eram, nisi
ipse me prævenisset. Videtur hæc scripsisse sanguine Serveti.

Calvinus 52.

Veris autem Dei cultoribus ab vtroque vitio cavendum, ne vel eius incognitæ patrocinium temerè arripiant, vel ad severitatem intemperanter ferantur.

Vaticanus.

Veros Dei cultores putat Magistratus suos, per quos inimicum suum vltus est. Sed Deus novit omnia.

Calvinus 53.

Nam si in terrenis causis, omnium probris merito traducitur, judicis socordia, qui (1) ex aliorum opinione, ignarus ipse totius rei, sententiam fert: quanto minus ferendi sunt, qui in causa pietatis, inquisitionem (quæ privatis etiam quibuscunque precipitur) supino fastidio negligunt.

Vaticanus.

1. Sicuti Genevensis magistratus ex opinione Calvini Servetum judicarunt, ipsi ignari totius rei, quippe homines illiterati: Id ostenderunt in litteris quas ad Ecclesias scripserunt, in quibus dixerunt, se de pastorum suorum fide non dubitare.

Calvinus. 54.

Itaque detestabilis est illa, quæ in Papatu dominatur barbaries; nec vero horribile Dei judicium effugiet. Ad sunt parati martyres ad reddendam ovium rationem si liceat. Adeo ex verbo Dei (1) nulla conceditur defensio, vt (2) actionis principium sit, nullam disceptationem admittere.

Vaticanus

1. Imo conceditur: sed sicut Serveto, videlicet ea conditione ut pereundum sit, nisi recantetur

tur. 2. Et tuæ actionis principium fuit carcer, & nullum vel Serveti amicum, vel saltem non inimicum ad disceptationem admittere. Testis Grybaldus a te tam superbe repudiatus.

Calvinus. 55.

Itaque ansa rationibus precisa, miseros homines (1) non auditos (2) excarnificant diris tormentis: postea linguis (3) exectis ad ignem extrudunt, non qui sua flamma eos statim absumat, sed lenta vstulatione conficiat, quo se mori sentiant, vt dicebat tyrannus ille. Exemplar sane illud est cum beluini stuporis, tum immanis sævitiæ.

Vaticanus.

1. Imo auditos quanquam quid refert, verùm audiantur an non audiantur? Cum sint in manibus iniquorum judicum, à quibus nil nisi mors expectari possit: sive recte dicant, sive secus, ut cum Serveto factum est, qui non nisi ab inimicis suis auditus fuit, hoc est, à Calvino & heluetijs, qui debebāt ipsimet esse rei, non judices, cum Servet9 contra eos omnes scripsisset. 2. idē facere probabant Geneventes Serveto, si versi audiui. Cum enim de Libro & de omni veritate sua sponte confessus esset, admota est insuper Gehennam (sic vocant illi patrio sermone tormentum) & excarnificatus fuisset, nisi intercessisset Petrus Vandalus senator, & idem Calvino summus inimicus: Vt intelligatis eos qui sunt paulo clementiores non posse esse Calvini amicos (3) Gloriatur hoc nomine Calvinus, quod Serveto Linguam non abscidit. Sed vitam abscidit & Libros combussit, ne possit Servetus, saltem Libris post mortem causam dice-

re toto orbe terrarum. Sed Calvinus suum de Serveto juditium puta tratum omnib⁹ esse debere, nec amplius inquirendum esse, postquam magister noster ipse dixit. At cur libros combussit? Metuebat credo ne homines corrumperentur. Cur idem non metuerat antea in *Interim*, quē librum ipsemet Genevę curavit imprimendum, cum suo adversus eum scripto? Cur non idem fecit in Serveto? Nisi quod Servetus Calvinum magis detegebat quam *Interim*. Quod si dicet se non potuisse extinguere *Interim*: Cur id saltem ex urbe sua non excludebat? Cur alios perniciosos libros Genevę vel imprimi vel vendi non prohibet? Ibi licet habere Aristotelem, qui negat primum & præcipuum articulum fidei de Creatione mundi: Licet Alcoranum, Apuleium, Martialem, Plautum, Terentium, Horatium, Catullum, Tibullū, Propertiū & ceteros morū corruptores nefarios: licet Ovidiū de arte amandi, hoc est adulterandi, & eius Imitatorem Clementem Marotum. Venerat ante aliquot annos quidā ex Gallia Genevam: Is ad quendam amicum suum sic scripsit: Emigravi ex Babylonia: Mitte mihi omnia opera Ovidij cum commentarijs. Babyloniam vocant ipsi Papatum: Quid vis est illis Hierosolima. Quid dicam de ijs, quæ ibi imprimuntur nugis? Zographia Bese & eiusdem Epistola Passavantij, de morte uxoris Vireti, qui libelli nihil aliud sunt nisi scurrilitates & nugę. Sed isti scurrilitates pro peccato non habent: Sedent enim in cathedra derisorum. Tales libros cum in sinu circumferant comburunt libros Serveti. Cur? Nisi ut non deregantur

gantur, sed impune, dicant & faciant quidlibet. Metuunt hominum oculos, & Dei omnia hęc spectantis oculos contemnentes. 3) Describit mortem Serveti, & alios deprehendit tyrānos. Soli enim sibi & suis hęc licere credit.

Calvinus. 56.

Recteque etiam in hac parte Augustinus: Si terreantur inquit, & non doceantur, improba quasi dominatio. (1). Videbitur. Sed rursus si docentur & non terrentur, vetustate consuetudinis obdurati, ad capescendam viam salutis pigrius surgent. De conviciis hęreticis loquitur, qui superba tantum morositate inducti discessionem ab Ecclesia fecerant.

Vaticanus.

Et nos terrendos censemus, sed ijs armis, quibus Paulus de justitia & continentia, & futuro Iudicio disserens prætorem foelicem terruit. Verum hanc Calvinianam terrendi rationem ignorarunt omnes Apostoli, habetque Calvinus plus quiddam quam illi.

Acto. 24.

Calvinus 57.

Quid ergo dicturum fuisse putamus, si pios & simplices unius Dei cultores crudeliter vidisset hac tantum causa vstulari, quia hominũ figmentis clarum Dei verbum opponerent?

Vaticanus.

Certe non probasset.

Calvinus. 58.

Neque enim Papæ incendiarijs sœviendi alia ratio est, nisi quod fictitijs suis legibus quicquam derogari non sustinent.

Vaticanus.

Sanxerunt illi fere primum suas leges sanguipę in Ioannem Hus, in Concilio Constantienſi, cum jam multa secula regnaſſent : Hic idem, cum vix dum regnare cœpiſſet: Qualis erit decimus a Calvino? Et poſtea alios damnare non erubeſcit.   Calvinus. 59.

Sed eos oppreſſa doctrinæ luce, tam impotenter furere mirum non eſt, quorum dominatio in confuſis verbi Dei ruinis fundata eſt, & quibus ſpes victoriæ non niſi in tenebris ſit ſita.

Vaticanus.

Atque idem facit Calvinus, qui aliorum Libros comburit, & loquendi libertatem violenta manu eripit, ne eius nefarij conat⁹ patefiant, quippe cui ſpes victoriæ, non niſi in tenebris ſit ſita.   Calvinus. 60.

Longe aliter Eccleſia Dei, quæ ut fidei ſuæ confeſſionem ex ore Dei petit, ita ad eandem regulam n' præpoſtere feratur, zelum ſuum temperat.   Vaticanus.

Vt Diſcipulos ſuos docuit Chriſtus, cum vellent ignem de cœlo evocare exemplo Heliæ: Neſcitis inquit, cuius ſpiritus ſitis, filius hominis non venit ad perdendum, ſed ad ſervandū. Verum hanc zeli temperationem Calvinus non ponit.   Calvinus. 61.

Luc. 9. 55.

Nobis igitur quin ſervanda ſit exacta tum prudentia, tum manſuetudo, nulla dubitatio eſt: Deinde quin Iuditio præire debeat placida & religioſa doctrinæ cognitio.

Vaticanus.

Qualis ſervata eſt in Serveto, qui ſimulac conſpectis die Dominico, ex concione tractus eſt in carcerem, unde poſtea nunquam exivit, niſi cum ad ignem ductus eſt. Hec eſt calviniana

placida illa et religiosa doctrinæ cognitio.
Calvinus. 62.

Sed hoc minime obstaculo est, quin Magistratus officium sit gladio et pœnis coercere qui cum ipsi sint apostatæ, a recta fide alios ad defectionem sollicitant, et in Deum contumeliosi, miseras animas illaqueant, suis fallacijs: pacem conturbant (3) Ecclesiæ et pietatis consensum scindunt ac lacerant.

Vaticanus.

Promiserat Calvinus se Loquiturum de pœna hæreticorum: Multa deinde locutus est de errantibus, & impijs & blasphemis, quasi errantes, impij blasphemi, Apostatę & hęretici sint ijdem. Ac ne quis discrimē videre & Calvini fallaciā possit animadvertere, nusquā definit quid sit hæreticus. Ita nobis jocose illudit in re tam seria. Iam quod de Apostatis dicit, *Quid sit* male dicit. Apostata enim in sacris literis dici- *Apostata.* tur, qui ad aliū Deum deficit: Hęreticus vero *Quid sit* qui eiusdem Dei cultum retinens, alicui falsæ *Hæreti-* sectę aut opinioni pertinaci° inhęret. Hęc duo *cus.* confundere vult Calvinus, ac ne sic quidem assequitur propositum. Nam si Apostata dici debet, qui a recta fide alios ad defectionem sollicitat, & ab ea ipse jam defecit (alioquin Apostata dici non debet, sicuti Iudæus a Christo Apostata non est, cum in eum nunquam crediderit) Servetus nunquā a Lutheranismo aut Calvinismo defecit. Semper enim eis adversatus est. Quod si fuit Apostata, sicut Calvinus velle videtur (sumsit enim ab eo huius disputationis occasionem) oportet Papæ fidem a qua Servetus defecerit, esse rectam. Ita erit ipse Calvinus

D iiij

ex sua sententia comburendus, quippe qui a Papa defecerit (.1.) Ecclesiam vocat Calvinianismum, nam cęteras pro Ecclesijs non habet.

Calvinus. 63

Quas tamen obtendant rationes imperiti, sed non mali homines, quibus tanto sceleri danda videtur impunitas breviter videndum est. Regnum suum, inquiunt, manu & armis cōstitui non voluit dominus, sed spirituali Evangelij gladio: & suos hortatus est ut parati essét proprium sanguinem fundere, ut alienum funderent nusquam præcepit: Apostolos tanquam agnos in medio Luporum emisit, non instruxit carnis potentia. Atqui si contra excipiam, Nusquam Dominum mandasse suis, ut furta, rapinas, adulteria, cædes, veneficia puniant, ideoque impune ferenda esse hæc omnia, quid dicturi sint? Concedentne laxandas esse habenas sceleratis? Ac non potius dicent non obstare quæ singulis præcipitur tolerantiam, quo minus vigeant Legum sanctiones?

Vaticanus

Cum furta, rapinæ, adulteria, cædes &c. puniuntur, non puniuntur ad constituendum Regnum Christi, non ad justificandos, aut pios reddendos homines, non ad generandam novam creaturam, sed ad tuenda bonorum corpora aut facultates. Itaque Papistis, Iudæis, Turcis, cæterisque, quos putat extra regnum Christi, concedet ipse Calvinꝰ punire eiusmodi facinora: At propter fidem punire aliquem non concedet, cum supra dixerit, hoc non nisi pio & bono Magistratui licere. Itaque non
de-

debent hic omnia confundi, sed suum cuique tribui, & coeleste regnum a terrestribus distingui: Christus ea quę sunt extra regnum suum, non attingit. Sed quę ad regnum suum attinent omnia tradit. Itaque omnia ab eo petenda sunt. Sed de his postea plura.

Calvinus. 64.

Verum quidem esse fateor, neque vi armata erectum ab initio fuisse Christi regnum, neque armorum praesidio stare. Evangelij enim praedicatione regnare Christum oportet, ut impleatur vaticinium illud: Populus quę non noverā mihi subiectꝰ fuit: Ad auditum auris obedivit mihi. Itaque dominꝰ, quo illustrior esset, vocis suę efficatia, nudos & inermes misit Apostolos, nec modo destitui voluit terrena potentia, sed totum fere mundum habere infestum, ut Celestem esse Evangelij victoriam omnibus constaret, dum instar palinae contra tot tamque ardua obstacula emersit. Nec vero aliter hac ętate, quam invito & reluctante mundo vel denuo surrexit, vel adhuc floret. Sua igitur virtute, non hominum manu sustinetur Religio. 1) Nec frustra Evangelij ministros potentia magis armat Christus, quā Bellandi facultate, quia sic animatos esse convenit, ut quam lingua asserunt doctrinam, proprio sanguine, quoties opus fuerit, obsignare non dubitent.

Vaticanus.

Hęc vere dicuntur: utinam in his perseveraret (1) Est ita, si de vera Religione intelligas: sed vestra Religio hominū manu sustinetur. Tolle enim vestri Magistratus, violentiam & persecutiones, & redde loquendi aut scribendi libertatem,

D v

tatem, quam a Paulo traditam (potestis enim
(inquit) omnes prophetisare) vos sustulistis,
& videbitis quid possit libera veritas. Quod si
hoc negas, fac periculum, eventus judex esto.
Hoc tu ispe persentiscere videris, qui tam
sollicite caves, ne alijs loqui aut scribere liceat: quod profecto nunquam faceres nisi hominum manu stares.

Calvinus. 65.
Primum veræ sanæque doctrinæ plerumque
adversantur mundi principes.

Vaticanus.
Itaque armati hac Lege Calvini, eos qui veram sanamque doctrinam tenebunt, interficient.

Calvinus. 66.
Deinde multos quibus ad breve tempus arri-
sit, suo rigore exasperat.

Vaticanus.
Non est ergo doctrina Calvini sana. Nam &
ego expertus sum, & multi quotidie experiun-
tur, adeo nullam esse rigorem in ea, ut nulla sit
in terris lætior. Itaque qui a Papa ad Calvinum
deficiunt, levari se, non gravari sentiunt: mul-
toque facilius ferunt doctrinam Papæ Genevensis, quam Romani.

Calvinus. 67.
Pauci sunt qui ferendo jugo libenter cervi-
cem submittunt, & quemadmodum delitias sibi ipsi faciunt, ira. 1. Doctores appetunt blan-
dos & mellitos, qui serviliter adulentur.

Vaticanus.
Itaque cum suffragijs res agitur in Religionis causis, sicuti in Servetana acta est, maior
pars vincet meliorem, & pauci illi semper
pluri-

pluribus vincentur (.1.) Quinam blandi sint doctores, facile judicabit, qui utramque videlicet blandorum & severorum viam gustaverit.

Calvinus. 68.

Iam videmus, quod non equalis sit principum successio, sed bene compositum a patre ecclesię statum, filius quasi violenta procella repente subvertat.

Vaticanus.

Itaque etiamsi hodie bene compositus esset status Genevensis, cras subverteretur, & si hodie aliquis impius hæreticus combureretur, cras pio idem fieret.

Calvinus. 69.

Atqui Evangelij ministros minime ad quamlibet auram flexibiles nutare decet, verum quocunque inclinent hominum animi, & quamlibet dissimilis sit temporum conditio, rectum cursum tenere, ne ęterna & immutabilis Dei veritas, quę apud eos deposita est perfida eoru ignavia concidat.

Vaticanus.

Hoc si fecisset Calvinus, non mutasset sentētiam de persecutione, ut cætera taceam. Quod si in melius mutasset, laudarem, sed in deterius mutasse est vitiosum.

Calvinus 70.

Sic veteres Prophetas, Licet propitijs interdum Regibus vsi sint eorum præsidio adjuti, videmus tamen varijs subinde tempestatibus fuisse jactatos, ut negari non possit omnes sub crucis Christi vexillo militasse. Hoc certe seculis omnibus commune est

Homini-

Hominibus non placere, quicunque Christo fideliter serviunt.

Vaticanus.

Atqui Homines ex Calvini sententia, erunt de causa religionis judices: Itaque eos semper damnabunt, qui ipsis non placebunt. Calvinum quidem non damnabunt: Is enim vult ut Magistratus de hæreticis judicet: Iudicant autem suffragijs, in quibus cum maior pars vincat meliorem (paucos esse bonos Calvinus supra dixit) oportet Calvinia nos majori, hoc est deteriori parti placere, quo possit Servetos opprimere, alioqui non posset.

Calvinus. 71.

Absurdum esse obijciunt, spirituale Christi regnum carnis potentię subniti, nempe ut fidem absurdum, est in humana eloquentia fundatam esse. Nunc si quis obmutescere jubeat quicumque diserti sunt, doctos omnes & Liberalibus artibus politos a suggestu prohibeat, ne fidem exinaniat eloquentia, nonne a parte Deo ejusque donis injuriam faciet?

Stultessere quidem jubet Paulus quicunque sapere videntur, ut Christi Discipuli fiant: nępe ut sapientia carnis in ordinem coacta, emineat sola fides. Quod si nulla ratio impedit, quo minus Evangelij prędicatio tantum virtute spiritus sit efficax, & pedissequas tamen habere possit humanas artes: Ita nec Religio, tametsi sola Dei manu continetur, & sub cruce triumphat, a Legittimis tamen subsidijs, ubi ita visum est Deo, non abhorret.

Vaticanus

Absurda fallaxque similitudo, & eadem obscure

sere tractata. Habet enim hoc Calvinus, ut si quando Lectores aut auditores fallere vult, loquitur obscure, ut hac obscuritate absurditatem tegat, & ita tanquam anguilla in turbida aqua evadat. Sed nos discussa hac obscuritate, eius similitudinem explicemus. Quemadmodum ille inquit, ad Docendum Evangelium adhiberi potest eloquentia, tametsi necessaria non sit. Ita ad Religionem tuendam, adhiberi potest gladius, tametsi necessarius non sit. In hac similitudine hoc absurdum est, quod religioni ferrum sic jungit, ut doctrinę eloquentiam. Enimvero non sic ad Religionem adhibetur ferrum, ut ad doctrinam oratio, Sine oratione doceri non potest, at sine ferro religio constat, nec magis gladium requirit, quam divitias aut aratrum. Alioquin ad imitationem Calvini sic liceret ratiocinari: quemadmodum a medico adhiberi potest eloquentia ad persuadendum egroto, Ita gladius ad tuendam eius valetudinem. Hæc sunt absurdissima. Sed hic homo tantopere ferrum cupit, ut id omnibus rebus intermiscere gestiat. Nos vero similitudinem longe accommodatiorem afferre possumus: Quemadmodum ad præliandum gladio opus est, neque refert utrum is politus sit an rubiginosus, modo sit acutus: Ita ad Docendum Evangelium opus est oratione, neque refert utrum ea incompta sit an ornata, modo spiritus acumen habeat. Et sic ut prælia ferro non verbis, tractantur: Sic Religio verbis non ferro tractanda est.

Calvinus. 72.

Quæ stulta sunt mundi elegit Deus, ut sapientes confunderet: verum qui a piscatoribus exordium fecit, postea alios sibi delegit (1) ministros, neque ita rudes & elegantiori doctrina tinctos. Vaticanus.

Quæ stulta sunt mundi rejecit Calvinus cum suis, ut sapientes extolleret: Itaque ad docendi aut concionandi m[unu]s neminem admittunt nisi scientiarum & linguarum peritum, præsertim Latinæ. Ipse Christus si veniret, nisi latine loqueretur, ab istis non admitteretur, hoc certu[m] est. Fuit quidam Lausaniæ concionator, vir inculpatæ vitæ, sed qui Latine nesciret: hunc isti coegerunt ad audiendu[m] Corderium pueros latinam linguam docente[m]. Homo jam natu grandior, non ferens hanc indignationem, discessit. Tantum istis in latino sermone positu[m] est. Denique si componas eos cum Christo, invenies prorsus contrarios. Christus patri gratias agit, quod arcana sua celaverit, & sapientes & doctos, & ea parvulis & indoctos patefecerit: isti gratias agunt, quod ea parvulos & indoctos celaverit, & sapientibus patefecerit. Christi ecclesia gloriatur, quod non multos sapientes, non multos nobiles habeat: isti solis sapientibus & nobilibus gloriantur (.1.) De doctoribus illis loquitur, qui constructam a piscatoribus ecclesiam destruere cœperunt. Nam postquã artes humanæ ab illis cu[m] Theologia misceri cœperunt omnia deinceps in deteri[us] abierunt, vanæ & inutiles quæstiones (vetante Paulo) inductæ sunt, quibus casta illa veritas adeo implicatur & obscuratur, ne dicam extincta est, ut restitui non possit, nisi ad eosdem piscatores & indoctos re-
de-

Mat. 11. 15.

2.Tim.2 16.

deatur, ut verum sit illud: ex ore infantium & lactantium perfecisti laudem. Hujus rei exē- *Psal. 8.* plum videre est in ipsomet Calvino. Farellus in principio Evangelium magno ardore docuit, authores prophanos tanquam pestē rejecit, Poëtam si quem nactus erat, tanquam stercus abijciebat, ab ulciscenda injuria adeo alienus erat, ut cum gravissimas plurimaque injurias ob Evangelium pertulerit, nunquam quemquam in jus vocaverit, quin imo suos vicē suam ulciscentes semper deterruerit. His ille artibus in fugandis erroribus, serendaque charitate proficebat. Sed postquam Calvinus introductus, profanas scientias sacris admiscuit, ulciscendarum injuriarum mille tectos Christi veste modos excogitavit, adeo in deterius abierunt, ut ipsemet Farellus (heu dolor) jam calvinizet, & vitia ab eo didicerit, quem virtutes docere debuerat. Tantas vires habuit illa falso nominata scientia, ut Pauli verbis utar. Denique quo plus semper tributum est humanis & prophanis scientijs, eo longius a divinis & sacris deerratum est. Et qui tam studiose eas colunt, & ad eā rem collegia instruunt & tuentur, nihil aliud quam milites armant adversus simplicem illam rusticamque veritatem. Sed instruant quātum volent, faciet Deus quod olim fecit, ut immanem illum prodigiolum Goliam armatus nomine Dei David funda deijciat, & ei caput ipsiusmet ense prædicat.

Calvinus, 73.

Quin etiam Paulus ipse, qui se facundia destitui fatetur, non omnis doctrinæ expers, ut alij ejus collegæ, sed a puero in Lege (i) eruditus

tus fuerat.

Vaticanus.

(1) Recte in Lege, sed vos prophanatas scientias evehitis, Quanquam quod tu de Paulo dicis, contra te est. Nam ea litteræ doctrina inflatus veritatem longe acrius insectatus est, quam alioquin fecisset. Itaque postea veram scientiam, hoc est Christum & charitatem adeptus, illam literæ cognitionem pro stercore habuit, quam nunc Calvinus extollit.

Philip. 3.

Calvinus. 74.

Vt autem de successoribus taceam, Isaiæ sermo non modo purus & nitidus, sed etiam artificio (1) ornatus, satis testatur eloquentiam fidei interdum ministram esse.

Vaticanus

(1) Non est ita: non enim artificio ludit humano more spiritus ille fatidicus, nec humana voluntate aut arte, sed S. Spiritus impulsu locuti sunt sancti homines Dei. Fuit igitur in Iesaia nativa, non arte quæsita eloquentia, quæ ab ea, quam illi affectant, tantum differt, quantum honestæ matronæ pulchritudo a meretricis fuco. Sed volunt isti miscere sacra prophanis. Sic fecit antea Sebastianus Castalio qui in præfatione in Mosem suum latinum, Mosi tribuit omnes artes, quas Homero tribuerat ante Plutarchus, & ad id magno apparatu, quasi præclarum aliquid facturus nititur: quasi vero non scripserit impulsu divino Moses, nulla prorsus ullius artis habita ratione. Sed homines leves omnia trahunt ad institutum suum, & ut humanas artes, quarum sunt discipuli evehant, eas sacris authoribus admiscent ut tanquam le-

2. Petr. 1.2.

thales

thales muscę odoriferum sacri eloquij unguentum contactu suo inficiant.

Calvinus. 75.

Et certe Christus non minus stellę radijs (1) magos ad se duxit, quam pastores angeli voce.

Vaticanus.

(1) Et Calvinianos duceret, si se dignarentur ita demittere, ut in stabulum descenderent. Non enim Doctos sed superbos aspernatur Deus. Sed quia superbia fere laborant docti (nam scientia inflat) fit ut pauci docti serventur. Erunt quidem nonnulli ex doctis qui sese ad Christi præsepe demittent, quales fuerunt Magi, cæteris eum despicientibus, quales fuerunt Scribæ & Pharisęi. Sed pastores & illiterati primi plurimique erunt, quibus angelus Christi natales nunciet, cum tamen isti illiteratos nullo numero habeant. Nam si quis pastor aut illiteratus eis nunciatum aliquid de veritate veniret, certo scio, non magis moverentur, quam si asinus rudéret.

Calvinus.

Quare nec rude obscurumque vulgus ex quo sumsit Christus ecclesię primitias (1) viam regibus præclusit, quin ipsi quoque & se & sua omnia ei offerrent, & ipsa etiam gladij potestas, qua instructi sunt sacra esset oblatio.

Vaticanus.

Tradit Paulus Christum cum ascendisset in altum dedisse Apostolos, & Prophetas, & Evangelistas, & Magistros ad conponendos sanctos, ad operis ministerium, ad extructionem corporis Christi, hoc est, Ecclesiæ: Hæ sunt sacræ oblationes ad hoc sacrum opus. Gladius quidem

Contra Monasteriensesᷓ A-nabaptistas. quidem ad Christi regnum non abhibetur, nisi ad occidendum Christum & suos. Sunt quidem qui gladium gerunt, ministri Dei, sed ad puniendos maleficos, non ad extruendū Christi regnum. Atque id Christianis commune est cum cęteris nationibus, quę & ipsę eundē gladium gerunt neque tamen Christi regno serviunt.

Calvinus. 77.

Nunc videmus ut ad ferendam crucem, ad odia, probraque mundi sub eunda paratos esse oporteat Evangelij ministros: Sicuti non alijs quam patientiæ armis dominus eos instruxit: & tamen jubeantur Reges pietatis (1) doctrinam suo patrocinio tueri.

Vaticanus.

(1) Hominem occidere, non est doctrinam tueri, sed est hominem occidere. Cum Genevenses Servetum occiderunt, non doctrinam defenderunt, sed hominem occiderunt. Doctrinam tueri non est Magistratꝰ, (quid gladio cum Doctrina?) sed doctoris. Doctorem autem tueri est Magistratus, sicut agricolam & fabrum & medicū & coeteros contra injuriam tueri. Itaque si Calvinum occidere Servetus voluisset, recte Calvinum defendisset Magistratus. Sed cum rationibus & scriptis Servetus pugnaret, rationibus & scriptis repellendus erat.

Calvinus. 78.

Objiciunt deinde nihil minus esse consentaneum, quam ad fidem (quæ propensa obedientia constat) violenter cogantur homines. Ego ut omittam quę vere & scite in hanc sententiam disputat Augustinus utiliter, scilicet invitos trahi, qui Deo omnipotenti reluctantur ut castiga-

castigatione subacti, sponte accedant, respondeo in tuendo Ecclesiæ statu alium esse gladij usum, quam ut ad fidem quis cogatur.

Vaticanus.

Nemo potest ad me venire, nisi pater meus traxerit eum. Isti volunt à Magistratu trahi homines, trahenti Deo reluctantes, scilicet ut Magistratus plus efficiat quam Deus. Scilicet castigatione subacti sponte accedent : Qui si sua sponte accederet, deterrerentur: sicuti pisces, qui ultro ad escam aut rete accedunt, si cogere velis aufugiunt. Testis est Geneva & Sabaudiæ pars, quæ Evangelium vi coacta admisit. Ibi enim ita pauci sunt, qui non concionatores capitaliter oderint, & missam avidissime desiderent, ut dictu sit incredibile. Testor ego totum illum populum.

Ioan. 6.

Calvinus. 79.

Nam ut demus in principum manu & arbitrio non esse, edictis suis penetrare in hominum corda, ut obedienter salutis doctrinâ amplexi, Deo se subijciant: Hoc tamen postulat eorum vocatio (1) ne impuris ac petulantibus linguis lacerare permittant sacrum Dei nomen, eiusque cultum pessundari sinant.

Vaticanus.

Modò laudaverat Augustinum, qui disputat utiliter invitos trahi, ut sponte accedant, nunc sui oblitus fatetur edicta Regum non penetrare in hominum corda, ut obedienter doctrinam amplexi, Deo se subijciant quæ sunt planè contraria : Nam sponte accedere & obedienter doctrinam amplecti, idem est.

E ij　　　　　(1) Dicunt

(1) Dicuntur hæc accusatorie & malitiose. Non enim continuo impura & petulanti lingua est, si quis a Calvino in Cœna Domini, aut in puerorum Baptismo, aut Predestinatione, aut in persecutione dissentit, modo sacras Literas veras esse credit.

Calvinus 80.

Privatus homo, qui vitæ & mortis potestatem non habet, si domum cui præ est, sacrilegijs pollui sinat, culpa non vacabit: Quanto fœdior erit principis ignavia, si ad effrenem pietatis violationem conniveat? Sedebit scilicet Iudex in sublimi ac magnifico solio, & Christi gloriam probrose (. L.) deijci tacitus feret, & imperium sibi pænarum metu asserens, licentiam improbis dissipandæ ecclesiæ concedet?

Vaticanus.

Pergit rhetorice magis quam Christiane, rem exaggerare, ut intelligamus quanto plus profecerit in prophanis artibus quam in sacris. Quid enim effrenem pietatis violationem vocat? Proponatur nobis Servetᵘ, cuius odio Calvinus hęc omnia scribit. Negat Servetus baptisandos esse infantes. Vtrum ita sentit Servetus ut dicit, an non sentit? Et hunc sensum vocat Calvinus effrenem pietatis violationē: Qua ratione? Nam effrænis violatio in eo intelligitur, qui sciens peccat: Servetus si peccat, nesciens facit. Vtrum igitur Servetum interficis Calvine, quia ita sentit, an quia ita loquitur? Si interficis quia sic loquitur ut sentit, interficis propter veritatem: Nam veritas est, dicere quę sentias, etiam ferres, & psalmus 15. beatum pronunciat eum,

quę

qui vere dicit quæ habet in animo: Et tu eum
interficis? Sin interficis quia ita sentit, doce e-
um aliter sentire, aut ostende ex sacris literis interficiendos esse errantes & male sentientes.
Calvinus. 81.
Ergo pietatis doctrinæ vindices erunt pij Magistratus non solum ut ad (1) Fidem cogant minus voluntarios, sed ne ab ea ditione exulet (2)
Christus, in qua eius beneficio regnant (3) Ne
Ludibrijs impune subjaceat sacru eius nomen,
cuius splendore honorifica est eorum potestas,
(4). Ne contra eius doctrinam protervant
impij, qui tranquillum eorum imperium continet (5. Ne infirmos, quibus divinitus præfecti
sunt custodes, in exitium rapi silentes & quieti
videant. Vaticanus.

(1. Hoc fieri non posse modo confessus erat,
nunc iterum affirmat, & ipse secu turpiter pugnat: ne quid interim dicam, quod hoc nunc Magistratui tribuit, quod in primis Institutionibus
Pastori tribuerat. Ibi enim Cap. 6. Pag. 427.
sic de Dei sermone disserit: Hæc sunt arcana ,,
illa spiritualia poëmata Dei ad demolitionem ,,
munitionum, quibus consilia demoliantur fidei ,,
milites, & omnem celsitudinem quę extollitur ,,
adversus cognitionem Dei, & captivam ducant ,,
omnem cognitionem ad obediendum Christo ,,
& promptam habent vindictam adversus om- ,,
nem inobedientiam. En plane & perspicue de- ,,
finitam pietatē, qua ecclesiæ pastores, quocun- ,,
que demū nomine vocentur, prǽditos esse con- ,,
venit, nempe ut verbo dei (cuius positi sunt mi- ,,
nistri, ac dispensatores) confidenter omnia ,,
audeant: cuius Maiestati omnem mundi gloriā, ,,

,, virtutē sublimitatem cedere cogant, ipse om-
,, nibus a summo vsque ad novissimum impe-
,, ret, Christi domum ędificent, Sathanę domum
,, subvertant, oves pascant, rebelles & pertina-
,, ces arguant, increpent, revincant, solvant, li-
,, gent, fulgurent, denique & fulminent, sed omnia in verbo Dei. Hæc sunt quæ in illo tempore
scripsit Calvinus, omnia tamen verbo agens,
verbo rebelles ad fidei obedientiam cogens,
verbo Lupos interficiens, verbo denique fulgu-
rans & fulminans. Nunc ex verbo suo(quoniā
id nullas vires habet) cudit gladiū, & hanc Magistratibus provinciam assignat, ut ferro ad fidem cogant minus voluntarios, In quo iterum
turpiter a se dissentit. Nam in postremis Instit.
a Roberto impressis Anno 1553. cap. 8. Dist.
170 (hęc ideo sic deligenter noto, ne quis erret,
si forte hæc postea Calvinus ut solet mutave-
,, rit) sic scribit: *Est igitur longe diversa ratio, quia*
,, *nec quacunque sibi sumit Ecclesia, quod sit pro-*
,, *prium Magistratus: neque hoc efficere potest Ma-*
,, *gistratus, quod ab Ecclesia peragitur.* Hęc ibi Calvinus, Magistratum (ut obiter dicam) ab Ecclesia separans, quasi soli Pastores sint Ecclesia:
Ille igitur negat hoc efficere posse Magistratum, quod ab ecclesia peragitur, nunc Magistratus officium esse dicit cogere ad fidem minus voluntarios, quod tamen in primis Institutionibus verbo non ferro tribuerat. O hominē
versatilem & omnia ex tempore ad arbitrium
suum mutantem. O cœci qui cœcum hunc se-
quimini, quando tandem aperietis oculos ?(2)
Scilicet Geneva exularet magis Christū, si Servetus non fuisset occisus (.3.) Imo tum maxime

mo ludibrijs subjacet & male audit, cum interficiuntur qui id confitentur(4)ac tum maxime proterviunt impij tyranni, cum sibi lævire fas esse putant magistro Calvino (5) hoc est Calvinianos, quos scilicet Servetus in exitium rapuit.

Calvinus. 82.

Obtendunt præterea Christi discipulis colendam esse mansuetudinem quæ in magistro apparuit. Neque enim armis, inquiunt, præfractos compulit in suum obsequium, sed doctrina omnes blande allicere tentavit. Vt illud impleret Esaiæ vaticinium: Ecce servus meus non rixabitur neque contendet, neque in plateis audietur eius clamor: Calamū quassatum non confringet & elichnium fumigans non extinguet, quasi vero contraria exceptio nobis non sit in promptu, ut doctoris officio functus est Christus, ita arreptum ab eo fuisse flagellum, quo templum Dei a prophana nundinatione purgaret(1) Si impetu proffligavit filius Dei, qui divini cultus prætextu hostias in atrio templi vendebant, cur gladium sibi commissum non exerant pij Magistratus ad coercendos perfidos (2) apostatas, qui totum Dei templum aperta contumelia prophanant ac violant? *Esai.43. Mat.11.*

Vaticanus.

(1) Et nobis Calviniano more sic argumentari liceret. Si adulteram non damnavit filius Dei, cur adulteros damnet Magistratus? Quod si dicet Calvinus eum in adultera non fuisse judicem: nos idem de flagello dicemus: Neque enim præscribebat Lex (quam Christus, si Magistratum gessisset, sequi debuisset) hanc flagelli

E iiij

gelli pœnam illis nundinatorib⁹. Item si Christus nundinatores illos tantum ejecet, non interfecit, & jam Magistratus debet Apostatas
tantum eijcere, non interficere. Item si Christꝰ
sua ipsius manu id fecit, debet magistratus sua
manu id facere, non per carnificē. Si Christꝰ ex
templo manufacto illos ejecit, idem debet facere magistratꝰ. Quod si Calvinus dicet: Templum illud figuram fuisse Templi non manu-
facti, hoc est, cordis hominis (nam Templum
Dei sanctum est, quod estis vos. Item: Corpora
vestra templa sunt Spiritus sancti) Dicemus &
nos eadem ratione, flagellū illud manu factum
figuram fuisse, flagelli spiritualis, hoc est, verbi
Dei, quod verbum non magistratui, sed pastoribus traditum est, per quod debeant Lupos interficere, Satha<tab>ne domum subvertere, & cęte-
ra omnia præstare, que paulo ante ex ipso Calvino citavimus. Item si Christus injuriā nec a
se nec ab alijs depulit, sed multos suo tempore,
& maxime Ioannem Baptistam injuste interfici passus est, idem facere debet Magistratus.
Denique si Magistratus officiū placet ad Christi vitam revocare, Magistratum habebimus
inermen, qui ne Latrones quidem, nedum hæreticos possit interficere. Discamus potius sine
sophisticis argutijs sic argumentari, & Calvinum suo ipsius gladio jugulare. Si Christus nundinatores illos non mandavit Magistratui eij-
ciendos ex templo Domini, neque se accusatorem dedit adversus eos, sed ipsemet, eos sua manu suoqᵉ telo ejecit, non debuit Calvinus (qui
se Christi vicarium esse vult) mandare Servetum Magistratui eijciendum, nedum necan-
dum

a. Corint.
3. 27.
1. Corint.
6. 19.

dum, neque se, aut coquum suum accusatorem dare adversus eum, sed ipsemet eum sua manu, suoque telo, hoc est verbo, eijcere, vincere, cedere, contumelijs afficere, cogere, trucidare, denique fulgurare & fulminare. Sed cum esset in corde tam ardens vindictæ spiritus (quemadmodum exprobrat ei Servetus in hoc ipsius Calvini Libro pag. 104) in malevolam eius animam non introivit hæc sapientia. Itaque officij sui oblitus homicidium turpissime patravit & nunc ut id tegat homicidia insuper infinita in hoc Libro molitur, & omnia divina oracula ad suum institutum trahere conatur, quasi pepigerint omnes cum eo, se se quicquid effutiverit id credituros, sicut solent eius discipuli. Iam jam, Calvine, patescunt artes tuæ: videt te Deus, & videbunt homines brevi (2) hic homo omnia inepte comparat, nundinatores cum apostatis, & Christū cum Magistratu, & profligare cum coercere: cum neque Christus fuerit Magistratus, nec apostatæ nundinentur in templo Domini, nec profligare sive eijcere sit idem quod ferro coercere. Nam Apostata is est, qui sua sponte exit templo Domini, hoc est ecclesia. Quomodo potest igitur in ecclesia nundinari, aut inde eijci, qui est extra? Ipse potius Calvinus & eius similes nundinantur in templo Domini, suntque vere Cananæi, hoc est mercatores: nam hoc significat nomen Canaan. Primum non nisi stipendio docent. Scio vivere debere ex ara qui servit aræ: sed isti sic stipendio sunt addicti, ut si auferas ab eis stipendia, non sit eorum pars vigesima remansura. Cum esset in Comitatu Montpellicar-

Quid sit Apostata.

1.Cor.9. 13.

densi introductum *Interim*, quo Concionatoribus stipendia precidebátur, fuerunt ibi magna pars, qui concionari pergere noluerunt saltem usque ad Pascha, quod instabat: cum tamen eos adhortaretur eorum primarius, Lausaniæ vero sic nundinantur, ut sint ibi semper præstantes, qui sic concionandi munus aucupentur, quomodo in Papatu expectantur Curionatus, Abbatiæ & cætera mercimonia. Ac eousque nundinationibus ac Litibus processum est (litigant enim assidue inter sese sicuti mercatores) ut Magistratus Bernensis cum ex eorum litigationibus assidue obtunderetur, detraxerit eis singulis centenos floneros illius monetę de annuis stipendijs. Prudens sane Magistratus, qui cum intelligeret mercatores istos nulla re magis gaudere quam Lucro, judicaverit nulla poena convenienti° aut melius coërceri posse, quam damno. Atque hæc est eorum nundinationis prima pars. Altera quod ex Theologia fecerunt artem humanarum similem. Itaque ad concionandi munus neminem admittunt nisi sit humanarum scientiarum peritus, & nisi linguas, hoc est Hebręam, Grecam, & Latinam sciat, aut saltem Latinam: Nam has tres, quæ mortuę sunt (quippe que nulli jam populo sunt in usu) solas numerant in Linguis. Cæteras quę vivæ sunt quibusque populi utuntur, nullo loco habent. Itaque si quis de cæteris Linguis, vel viginti sciat, si tres illas ignoret, nusquam vocabitur trilinguis: Sin illas tres didicerit, etiamsi alias calleat, tamen tantum trilinguis vocatur: tanti faciti faciunt isti quæ vulgus ignorat. Præterea neminem admittunt, nisi sit ab ipsis missus: mittunt autem neminem, nisi qui cum ipsis per omnia consentiat, eorumque dicta & facta omnia probet, & eis non solum assentiatur, sed etiam assentetur. Qui hanc notam ab eis non accepit, huic memoriam exercere non licet. Ipse Christus si veniret, nisi saltem Latine sciret, & nisi ab eis missus esset, haud scio an admitteretur.

Iam vero animas hominum quando nundinentur, pretereundum non est Ecclesiam bifariam interpretantur. Sed ponamus potius verba Calvini ex postremis Inst. Cap. 8. in expositionibus quartæ partis simboli: Bifariam (inquit) de Ecclesia sacræ literę loquuntur: Interdum enim cum Ecclesiam nominant, eam intelligunt, quę revera est coram Deo, in quam nulli recipiuntur, nisi qui & adoptionis gratia filij Dei sunt, & Spiritus sanctificatione vera Christi membra.

Sæpissime autem Ecclesiæ nomine universam hominum multitudinem in orbe terrarum diffusam designat, quę unum se Deum & Christum colere profitetur: Baptismo initiatur in ejus fidem. Cęnæ participatione unitatem in vera doctrina & charitate testatur: confessionem habet in verbo Domini, & ad eius predicationem ministerium conservat ab eo institutum. In hac autem plurimi sunt permixti Hypocritę, qui nihil Christi habent preter titulum atque speciem: Alij quam plurimi ambitiosi, avari, invidi, maledici, nefarij, aliqui

„ aliqui impurioris vitæ? Qui ad tempus tolerantur, vel quia legittimo juditio convinci nequeunt, vel quia non semper ea viget disciplinę severitas, quæ debeat. Quemadmodum ergo nobis invisibilem, solius Dei oculis conspicuam ecclesiam credere necesse est, ita hanc, quæ respectu hominum ecclesia dicitur, observare, eiusque communionem colere debemus. Item Dist. 9. Rursum tamen, quia aliquatenus expedire videbat, ut sciremus, qui nobis habendi pro ipsius filijs essent, hac in parte se captui nostro accommodavit. Et quoniam fidei certitudo non erat, quoddam charitatis judicium eius loco substituit, quo pro ecclesię membris agnoscamus, qui & fidei confessione, & vitę exemplo, & sacramentorum perticipatione, eundem nobiscū Deum ac Christum profitentur. Hęc sunt verba Calvini.

Talem observant habentque ecclesiam isti, videlicet quæ respectu hominum ecclesia dicitur, in qua fidei certitudo necessaria non est, sed tantum quoddam Charitatis judicium, de qua charitate sine fidei certitudine indicant. In hac permixti sunt hipocritæ plurimi & alij quos commemorat. Quæro igitur, cur illos non eijciat? an quia judicio convinci nequeunt? Imo longe facilius quam hæretici: nam de Hypocritis, ambitiosis, avaris, quinā sint nulla controversia est, presertim de Hipocriteis, qui veniunt in vestitu ovium, & a fructibus, hoc est ho-est, homicidijs, cognoscuntur, sicut & Lupus ab esu ovium: At de Hæreticis est controversia, nec adhuc ostendere potuit Caivinus, quid sit Hæreticus, cum tamen de Hæreticis occidendis

nomina-

nominatim scribat. Cur igitur neminem vnquam propter avaritiam aut invidiã combussit, cum plurimos noverit, & accusare & convincere possit? An quia non viget Genevæ ea disciplinæ severitas, quæ debebat? Imo viget authore Calvino. Supra enim ostendit, non nisi boni Magistratus esse persequi Hæreticos. Quod cum suo Magistratui in Servetũ persuaserit, habet suum Magistratum pro bono. Cur ergo ab eo impetrare non potest, ut Hypocritas & avaros illos occidat? An sunt ei Hypocritæ meliores quam Heretici? Aut si non sunt, cur obsequentiorem habet Magistratũ in Hæreticos, quam in illos? Sed quid ego hæc persequor? Calvinus non habet pro magnis vitijs ea, quæ Deus habet pro maximis, ut apparet in ijs legibus, quas condidit de administratione Ecclesiæ, in quibus facit vitiorum genera quo: Vt num eorum quæ in ministro omnino tolerari nequeunt, quorum primum ponit hæresin, inter cætera Lusiones Legibus vetitas & choreas. Alterum tolerabilium, in quibus ponit scurrilitatem, mendacitatem, calumniam, avaritiam, nimiam iracundiam & contentiones. Hæc vitia sunt ei tolerabilia, cum sacræ littere nihil deterius inveniant quam scurras, adeo ut in 1. Psalmo inter pessimos ponantur: & avaros cum omnium malorum radicem vocet Paulus avaritiam. Sed hæc vitia Calvinus tolerare potest, quæ sunt notissima: Hæresim, lusiones & choreas non potest, quid hoc homine facias, qui scurrilitatem & avaritiam & calumniam leviora vitia putet quam Hæresim aut Lusiones, & choreas? Itaque ergo avaris, invidis,

vidis, maledicis, delatoribus, calumniatoribus, mendacibus, Hypocritis (quorū Hypocritarum Calvinus in illis Legibus nullam fecit mentionem? Tantuli est apud eum momenti hypocrisis) apud istos facile Locus est: At si quis ab eis aliqua in re dissentiat, etiamsi sit alioquin inculpatis moribus, Hæreticus est, ferri non potest.

Ponam atque narrabo exemplum unum, ex quo cetera perspici possint. Narrat Ioannes Gastius concionator Basiliensis in Libro de Anabaptistis, fuisse quendam tornatorem Anabaptistam capitis damnatum Basileę, sed ei Oecolampadius gratiam a Magistratu impetravit, dummodo recantaret: Recantavit, & postea fuit homo pessimus, nec ei tamen quisquam propter flagitiosam vitam molestus fuit. Ponam verba ipsius Gastij: Revocat (inquit) ridenti ore in Ecclesia: Sed quid dicam? Postea scelestiorem, obscœniorem & magis perfrictæ frontis hominem nemo unquam vidit. Iactabat se coram suis, cum probitati studeret, Religioni sanæ adhęreret, persecutionem passum fuisse: Tum cum sceleribus inundet, potet usque ad mane summum, scortetur, choreas ducat, a nemine corripi. Hæc Ioannes Gastius.

Sic igitur docent, Modo sit doctrina & sacramentorum usus sanus, adesse Eccelsiam: Peccata vinci non posse: Nos esse & fore carnem usque ad mortem. Hisce modis populo assentantur, & ignarum eius rei Magistratum assidue irritant in Hæreticos (sic appellant eos, qui ab ipsis dissentiunt) docent nihil eis esse deterius

deterius aut majori supplicio dignum. Itaque rebaptisatum esse, apud eos longe est capitalius quam adulterare, aut invidere, aut maledicere, ludere tesseris, tempus, quo nihil chari⁹ inutiliter consumere, huc illucque divagari, ut solent Scortatores omnes, annos adolescentiæ suæ mulieribus inhonestis transigere, aut superbum aut iniustum, detractorem, aut suum ipsius quærentem commodum, aut avarum, aut scurram, aut calumniatorem esse. Rebaptisatos interfici jubent, non ex scripturis sacrosanctis, sed ex sententia Swinglij, qui præclaram hanc legem tulit, *ut qui mersus fuerit, mergatur*. Cumque clament omnia se ex scripturis sacris facere, nondum tamen unam inde syllabam ostendere potuerunt, quæ jubeat interfici, si quis erret in intellectu Cænæ aut Baptismi. O Magistratus, qui vos ducunt, seducunt. Hæ sunt vere prophanæ animarum nundinationes: Hisce modis illi animas vivificant, quas Deus non vivificat, & occidunt quas Deus non occidit. Itaque cum *Ezech.* venerit Dei filius, eijciet mercatores istos, non *13.* quo flagello ipsi nos eijciunt (nam eis Christi flagellum, ensis est carnificis) sed igneo, invictoque sermone suo, quoniam totum sanctum Dei templum aperta contumelia & blasphemia prophanant & violant.

Calvinus. 83.

1. Hic unum quidem huius sancti Zeli specimē edidit Christus. In reliquo autē vocationis suæ cursu ab externo correctionis genere abstinuit

ne

ne spirituale regnum sibi a patre commissum, terrenis impe...is misceret. Nam qui hæredita-
Luc. 12. tis inter fratres Herciscundę arbiter esse renu-
b.24.ve. it, suum tamen cuique jus servari vult a pijs judicibus.   Vaticanus.

(1) Atqui si tamen Magistratui exemplum dedit, cur non & deinceps? Sin min? cur illud ad Magistratum trahitur (2) potius quam hoc? aut quis nobis distinguet quando sit imitandus, aut non sit?   Calvinus. 84.

Ad hęc, distincte notat Esajæ vaticinium, non ad omnes promiscue spectare, quam commendat in Christo mansuetudinem.

Vaticanus.

Tamen ipse est porta, per quam qui non intratsur est & Latro: Discite a me, inquit (om-
Matth. nes oneratos alloquens) qui mitis sum, & ego
XI. 29. reficiam vos. Sed Calvin? mansuetudinę hanc ad se pertinere non putat: Itaque non reficitur.   Calvinus. 85.

Placida Christo mitisque suavitas tribuitur, qua infirmos sustineat, non qua robustam malitiam magis obduret.

Vaticanus.

Tamē Iudę robustam malitiam pertulit, nec tamen obduravit: Nec Calvinus Servetum obdurasset, si pertulisset: potius obduravit non ferendo. Non enim obdurantur homines māsuetudine, sed potius ad pœnitentiam invitantur.   Calvinus. 86.

Mansuetus est Christus ut calamum quassatum non confringat, an ideo quoque ut eorum obstinationem foveat, qui debiles cōfringunt?   Vaticanus.

Tamen

Tamen Sribas & Pharisæos pertulit, qui debiles confringebant, & populum a veritate avocabant, nec tamen fovit eorum obstinationem, non enim fovetur obstinatio patientia, sed potius rumpitur, si ullo pacto rumpi potest: nam malum bono vincitur, non malo.

Calvinus. 87.

Mansuetus est ut parcat elichnijs fumigantibus an ideo, ut tenebras non discutiat?

Esai. 42.
Mat. 12.

Vaticanus.

Quare discutiat? ferro ne an Luce?

Calvinus. 88.

Quin potius sceptro ferreo armatur, quo inimicorum capita conterat.

Vaticanus.

Conterere capita, non est tenebras discutere: & sceptrum ferreum Christi vocant sacræ Literæ fervorem potentem & inexpugnabilem, & spiritum oris eius, quo Antichristum sternet sicuti supra ex ipso Calvino citavimus. Vbi ferrum?

Calvinus. 89.

Scio equidem, ut non alio quam verbi gladio vtatur Christus, promptam illi esse vindictam in omnes impios (1) sed non dicemus alio quam eius spiritu actum fuisse Petrum, quum Ananiam & Saphijram subita morte percussit: nec Paulum dicemus fuisse Magistro dissimilem, quum Elymam magum cæcitate vltus est.

Vaticanus.

Nobis mirifice illudit hic homo: vtitur adversativa conjunctione, Sed, & tamen nihil contrarium ponit ei quod dixerat: Nec enim alio quã verbi gladio Petrus vsus est. Et Hoc ipsum est, quod nos dicimus, Christi gladium esse verbum. At enim Petrus eodem spiritu actus fuit? Quis negat? Sed ostende eum eo gladio usum fuisse, quo tu usus es in Serveto. Deinde Petrum falso accusat: Non enim a Petro occisus est Ananias, sed tantum objurgatus & reprehensus. Quod si objurgatione attonitus perijt, non objurganti debet hoc tribui, sed vltori Deo: Alioquin dicendum erit etiam Nabilem ab Abigaele vxore sua fuisse occisum, quum posteaquam illa ei narraret in quanto ipse periculo fuisset, diriguit homo, & post aliquot dies obijt. Atque idem dico de Saphijra. Quod enim ei dixit Petrus: Pedes eorum qui virum tuum sepeliuerunt, sunt pro foribus, qui te efferent, mortem prædixit non intulit. Alioqui dicendum esset Prophetas, quoties mortem alicui predixerunt, etiam importasse, Id quod falsum est.

1. Samu. 25. 37.

Actor. 5. 8.

Eadem dico de Paulo & Elyma. Sed dicatur sane a Petro occisus Ananias quoniam eius sententiam ratam Deus habuit, & quod Petrus in terra ligavit, id ligatum fuit etiam in cœlo. Quorsum hoc citatur a Calvino? vtrum enim debet pastor imitari Petrum, an Magistratus? Certe pastor: non enim gessit Magistratum Petrus. Cur ergo non percussit Servetum verbo Calvin°, sicuti Petrus Ananiam? Cur eam prouinciam mandauit carnifici? Non potuit, si modo vera est illa, quam diximus, Calvini sententia. Quod Magistratus nihil facere potest, quod ab Ecclesia peragitur.

Calvinus 90.

Nec video quorsum pertineant potentiæ, quas inter

ter Spiritus dona commemorat idem Paulus, nisi ut ad incutiendum comtemptoribus terrorem vigeret Spiritus severitas.

Vaticanus.

Paulus gloriatur sibi datam esse potentiam ad ædificandū, non ad destruendum: & Christus dicit se non venisse ad perdendum, sed ad servandum. Itaque ad hanc rem dedit dona sanandi & consolādi, & cæteras potestates: Dona occidendi dedisse eum ego non legi: Sed quod abolebit omnem potestatē, hoc legi. Verbum quidem dedit potens & invictū, quo posset contumaces cogi, sed ferrū non dedit. Erant illæ potentiæ ad servandū, hæc Calvini ad perdendum: illæ novę, hæc vsque a Caino ducens originem. Atque illæ jam pridem cessarunt, quemadmodum prædixit Paulus fore, ut prophetiæ & linguæ cessarent, quod idem de miraculis videmus accidisse. Itaque Calvinus ipse, qui de his potentijs gloriatur, tamen eis caret. Nam Servetum nunquam alio, quam verbi telo occidisset, si verbi vires habuisset. Enimvero cum verbo, nec sanare, nec occidere posset, servandi provinciam totam omittit (non enim venit ad servandum sed ad perdendum) perdendi autem provinciam Magistratui committit, ne, si id sua manu fieret, detegeretur hypocrisis. Nam hijpocritis non licet interficere quenquam, quippe ovina pelle tectis.

2. Corin. 10.8.
Luc. 9. 55.
1. Corin. 15.24.

1. Cor. 13.8.

Ioh. 10. 37.

Calvinus 9:

Ergo verbi ministris licuit corporali. 1. pœna coercere impios: principes, quorum proprium est munus gladio tueri sanctam ordinem, in fidei dispositione cessabunt?

Vaticanus. E ij

Vaticanus.

Sibi contradicit. Dixit enim in Inst. ut ostendimus, nihil facere posse Magistratū, quod ab ecclesia peragitur. Nunc sic argumentatur: Si verbi ministris licuit corporali pœna coërcere impios, licet & principibus: cum sic ex illa superiore ejus regula argumentari liceat. Si licet ministris, non licet principibus. Sed nos sic argumentabimur: Quemadmodum Apostoli suo telo, hoc est verbo, puniverunt sontes quos habebant in potestate verbi, idque ob peccata, quę verbis & doctrina consisterent: sic debet Magistratus suo telo, hoc est, gladio, punire sontes quos habent in potestate gladij, idque ob peccata, in quę jus habet gladius. Et quemadmodum Petrus verbo punire non potuisset homicidam, sed eum Magistratui reliquisset: Sic Magistratus ferro punire non potest hypocritam, aut hæreticum, aut mendacem (nullam enim ad id legem habet) sed eos debet Pastoribus puniendos relinquere: alioquin miscebuntur sacra profanis. Hoc aperte docet Eliseus, qui quærenti regi Israëlitarū, an deberet interficere Sijrios, quos Eliseus cœperat, respōdit, non percuties: neque enim cœpisti eos gladio & arcu tuo, ut percutias. Sic dicet verus Pastor Magistratui, non occides hypocritas, hęreticos, mendaces, neque enim cœpisti eos gladio & arcu tuo, ut occidas. Capiet & occidet eos dominus spiritu oris sui. Occide homicidas, raptores & cæteros, quos gladio potes capere. Atque ut exemplum hoc absolvam, componam cum Petro Calvinum, ut ex collatione perspici possit, qualis hic fuerit imita-

4. Regum 6.

tor Petri. Petrus Ananiam objurgavit, & si placet (ut hoc Calvino concedam) occidit solo verbo, sine cuiusquam opera. Calvinus Servetú occidit solo ferro, opera Magistratus. Petrus illum propter mendacium, quia mentitus esset Spiritui sancto: Calvinus hunc propter veritatem, quia mentiri noluisset: si enim recantare, & contra conscientiā loqui Servetus voluisset, evasisset, sed quia dixit quod sensit, perijt. Petrus facto illo effecit, ut alij deinceps mentiri formidarent: Calvinus hoc facto effecit, ut deinceps alij verum dicere, metu poenę, reformident. Petrus illis ostendit vires verbi sui, ad laudem Dei; Calvinus hic ostendit imbecillitatem verbi sui, ad Laudem gladij, qui Calvini Deus est. Petrus postea nihil tale fecit, quod sciamus: Calvinus hunc ipsum librum pertinaciter & obstinate (1) nominatim scripsit ad excitandas similes toto orbe persecutiones. Væ cœcis cæcorum ducibus: Væ væ & ijs qui ab eis ducuntur, nisi hic oculos aperire, & se in viam reduci volunt.

Calvinus. 92.
Porro crudelis est illa, quam laudant, clementia, oves exponere in prędā, ut lupis pareatur.

Vaticanus.
Lupos verbo, & quidem a pastore interfici ipse Calvinus ante docuit: nunc vult a Magistratu: atqui ab utroque interfici non possunt. Taceo quod lupi veniunt in pelle ovium, intus autem sunt lupi rapaces, a fructibus eorum cognoscetis eos. Fructus autem lupi est carnem crudam comedere. Itaque non qui interficiuntur, sed interficiunt lupi sunt. *Math. 7. 15.*

F iij Calvi-

Calvinus. 93.

Animas ipsi pravorum dogmatum veneno inficiunt, & legitima gladij potestas ab ipsorum corporibus arcebitur?

Vaticanus.

Etiam invidi & avari & superbi animas inficiunt, multos enim sui similis & verbis & exemplis assiduè gignunt: Invidus invidos, superbus superbos, avarus avaros, sed in eorum corpora gladio potestas nulla est. Occisus est ab angelo domini Herodes propter superbia: Sed a Magistratu ea de causa occidi non potuisset.

Act. 12. 15.

Calvinus. 94.

Lacerabitur totum Christi corpus, ut putridi unius membri, intactus maneat foetor?

Vaticanus.

Putrida membra Paulus amputat, Dum ea tradit Sathanę, hoc est excommunicat, idque in poenam corporis, ut spiritus servetur in Diem Domini: Itaque ea iterum recipit, si ad sanitatem redierint. Hoc officium pastoris Calvinus ad Magistratum transfert, etiam contra seipsum. Nam in causa Bartelerij, contendit id officium esse pastorum, non Magistratus. Et ea de re gravissimam habuit cum Magistratu Genevensi controversiam, adeo ut ad Helveticas ecclesias missum fuerit. Iam si Magistratus amputat membra, non potest id facere Pastor, nec ea rursum possunt recipi: Sin pastor facit, non potest Magistratus. Taceo quod hominem occidere, non est membrum amputare. Amputatur enim membrum incredulitate, quemadmodum docuit Paulus, de Iudęis ex olea amputatis, qui tamen occisi

1. Cor. 5.5.

Rom. 11. 30.

non

non sunt, Cum Magistratus civem interficit, non privat eum Civitate, sed vita. Item cum occiditur aliquis tamquã hæreticus, non amputatur ex Christi corpore, sed ex vita corporis: alioquin si mors corporis esset amputatio, omnes qui moriuntur amputarentur ab ecclesia.

Calvinus. 95.

Et quidem vt moderate agant principes, a pijs Doctoribus monendos hortandosque esse fateor, & medicorum instar ultimam non adhibeãt medicinam, nisi desperatis morbis. Sed a dissoluta mollitie, quæ nihil aliud est quam mali fomentum, multum differt levis humanaque medendi ratio. Vaticanus.

Hoc si Calvinus observasset, nunquam Servetum, quo primum die vidit, capitis accusasset, nec postea tam cito tamque crudeliter interfici passus fuisset, ne dicam fecisset.

Calvinus 96.

Adducunt etiam Scripturæ testimonia, in quibꝰ videntur habere aliquid coloris: Sinite (inquit Chrisꝰ) zyzania crescere cũ tritico, ne simul evellatur & triticum. Si precise nobiscum agunt ex verborum formula, non tantum prohibetur Magistratus ab usu gladij, sed omnem disciplinam e medio tolli oportet. *Mat. 13.*

Vaticanus.

Explicandum est apertius quid sit evellere zyzania, quoniam res est maximi momenti ad hanc questionem. Cum essent inter Corinthios lites & dissidia, ita ut diceret, ego sum Pauli, aliꝰ ego sum Apollos, sic eos objurgat Paulꝰ: Ego minimi facio de me, vel a vobis, vel omnino humana die judicari: quin neque ipse de me sen- *1. Cor. 3. 4.*

E iiij

,, sententiam fero, quamvis enim nihil mihi cō-
,, sciam, non tamen idcirco sum absolvend'. Ve-
,, rum qui de me judicium facturus sit, Dominus
,, est, quamobrem ne quid ante temp' judicare,
,, donec veniat Dominus, qui tenebrarum occul-
,, ta proferet in Lucem, & animorum cōsilia pa-
,, tefaciet, ac tum demum Laudem quisque cō-
,, sequetur a Deo. Hæc ego fratres in me & in
,, Apollo derivavi propter vos omnes, ut in
,, nobis discatis, nemini super quam scrip-
,, tum est arrogare, ne alius de alio contra
,, alterum tumeatis. Quis enim de te judicatu-
,, rus est? Hæc Paulus, quasi hoc dicat, Qui dicit:
,, Ego sum Pauli, tumet de Paulo, & eum judicio
suo præfert Apollo, & seipsum præfert discipulis
Apollos. Hoc autem est judicare, quo quis sit
excellentior & Deo charior. Atqui hoc judicari non debet ab hominibus, neque ante diem Domini. Itaque quamvis ego nullius mali
mihi sum conscius, tamen nolo me justum judicare, etiam si sim justus: non enim meum est de
me judicare, sed Domini, cuius judicium nondum venit, sed expectandum est: Qui judicat
aliquem esse reprobum aut electum, judicat de
occultis tenebrarum & consilijs cordium.
Nam ex consilijs cordium reijciet aut accipi-
& domin' homines. Atqui occulta illa non jan-
te Lucem & diem adventus Domini patebunt:
Itaque ante diem illam judicari nō potest quis
sit reprobus. Alioquin periculum esset, ne Co-
rinthij aliquem reprobarent, quem Deus non
reprobaret, & non *reprobarent*, quem *reprobaret*.
Itaque quamvis habeant nonnullam scientiam,
qua judicare possint de rebus alijs, non est tamē

ea tanta, ut eis de rebus tam arduis judicium permittat Paulus, cum ne id sibi quidem, qui eos scientia longe superabat, permittat. Iam confer hunc locum Pauli cum parabola de zizanijs, invenies similem. Nam quod dicit pater-familias: Ne evellite ea ante tempus messis, videlicet ne forte zizania evellentes, evellatis etiam frumentum. Id ipsum est quod dicit Paulus: Ne quid ante tempus judicate, videlicet, ne quem forte damnetis, qui non sit damnandus. Nam hoc sæpe fit ab ijs, qui ferro sarriunt Ecclesiam. Et quod dicit ille: Messis tempore mandabo messoribus &c. Id ipsum est quod dicit Paulus, Donec veniat Dominus &c. hoc est, cum dicet benedictis: Venite, & maledictis Ite. Igitur evellere zizania, est judicare aliquem esse reprobum, & eũ ex Christi corpore in sempiternum abscindere. Id quod fieri non potest ante diem Domini. Iam quod objicit Calvinus de Magistratu, nihil ad zizania pertinet. Cum enim Latronẽ occidit, non evellit eum ex corpore Christi, sed ex hac vita. Et sæpe bene sperant Magistrat? de eorum anima, quorum corpus trucidant, Nec eos interficiunt quia mali sunt, sed quia male fecerunt & nocuerunt. At in hæreticis alia ratio est. Qui enim eos interficiunt, judicant eos reprobos & in æternũ damnatos, in quo Dei judicium, quod Paul? expectari jubet, antevertunt. Propterea in interficiendis facinorosis non aberratur, si modo constet de facinoribus: nam ipsimet facinorosi confitentur se mortem meruisse. At in hæreticis aberratur, multi enim pij occisi sunt pro hæreticis, confitentes quidem id, cuius accusabantur, sed id peccatorum esse, aut morte dignum negantes. Primum Christus non negabat id de quo accusabatur, videlicet, quod dixisset, se esse filium Dei: atque hanc ob causam interfectus est tanquam blasphemus. Idem accidit postea Apostolis & cæteris, qui propterea interfecti sunt, quod Christianam religionē profiterentur: Cum igitur id illis acciderit propter improbitatē hominum in causa religionis: in alijs autem causis non accidit (nam qui tunc propter facinora patiebantur, recte interficiebantur, nec Iudæi neque cetere gentes propter talia supplicia reprahensæ sunt a Deo) non debemus putare nostrum seculum esse melius illo, ut in eo errari non possit, cum scriptum sit, ultima tempora, hoc est nostra, fore pessima. Ad hęc cum Christus hic dicat satorem esse filium hominis: Satorem autem zyzaniorum esse hominem inimicum, hoc est, Diabolum, qui zijzania severit post doctrinā Christi, non videtur zyzania appellare latrones & adulteros, cæterosque eius generis maleficos. Non enim sevit Diabolus post Evangeliū, cum essent jam ante Evangelium: Sed videtur zyzania apppellare eos, quos Diabolus sevit falsa doctrina post Evangelium cuiusmodi sunt Hæretici & hypocritæ, qui per speciem religionis Christianæ, decipiunt homines: & sic inter pios latent, quomodo herbæ latent in segete, donec fructum ediderint. Hæc jubet Christus usque ad messem relinqui, ne quis forte bonus una cum eis interficiatur. Præstat enim ut omnes mali vivant usque ad judicium, quam si vel unus bonus in interficiendis malis interficeretur: Quemadmodum rex

2. Tim.
3. 1.

maiet

malet ut omnes in suo regno Latrones, viveret, *Simili-*
quam si unus regis filius cum omnibus latro- *tudo ele-*
nibus occideretur. Sic enim rem fingamus. Est *gantissi-*
rex Galliæ qui habet aliquot filios in regno suo *ma.*
dispersos alba veste indutos, sed populo ignotos. Cum eis permixti sunt simulatores quidam, qui ut honorentur tanquam regis filij, vestes albas sumserunt, & se quoque Regis filios
esse jactant. Rex hac de re certior factus edicit, ne quis hominem alba veste indutum neca-
re aut violare audeat, sub poena capitis, ne quis
forte de Regis filijs interficiatur, sese post annú
omnes congregaturum & nudaturum esse, &
simulatores occisurum: suos autem filios (quorum in corpore detracta veste conspiceretur
impressum Lilium) servaturum. Nonne punietur a Rege, si quis albatum hominem interfecerit, sive is regis filius sit, sive non sit? Iam Rex
Christus est, albati sunt eius Discipuli: Hypocritę vero & Hæretici ijs sese admiscuerunt &
vestes albas sumpserunt, ut honorentur tanquá
Dei filij, hoc est, sic in speciem vivunt, ut sancti
& pij esse videantur. Hoc intelligens Christus,
jussit utrosque relinqui usque ad diem judicij,
in quo detracta simulationis veste, occulta tenebrarum proferet in Lucem, & patefaciet consilia cordium, quę nunc latent. Nonne expectari debet illa Dies? An putamus nos tanta cognitionem habere, ut videamus consilia cordiú,
quæ Paulus docet non patefactum iri ante di-
um Domini? Nonne contra hoc Christi edictū
facimus, si hypocritas aut hæreticos albo vesti-
tos, hoc est, nullius facinoris reos (nam si quod
facinus commiserint, jam non sunt albi: Est e-
nim

nim facinus nigra vestis) occidimus? Nonne ijs occidendis accidere potest ut occidatur pius aliquis, sicut hactenus semper accidit? Quod si dicemus nos non errare, idem semper dixerunt qui pios occiderunt; nonne errare possumus, ut illi erraverunt, in ijsdem faciendis, quæ fecerunt illi, cum nihilo illis simus meliores? Quis unquam putavit se tenere falsam religionem? Errarunt Iudæi qui Christū & Apostolos persecuti sunt: Errarunt gentiles, qui Christianos persecuti sunt. Erravit Papa, qui Lutheranos & Zwinglianos persecutus est. Erravit Henricus Angliæ Rex, qui Papistas & Lutheranos, & Zwinglianos, & Anabaptistas interfecit. Erravit Lutherus, qui Zwinglianos, Diabolos appellavit & in Gehennam damnavit. An soli Zwingliani & Calviniani non errabunt? An soli hi in Christi tribunali sedebunt, ut eis solis liceat de Hæreticis judicare, & eos occidere? O serve nequam qui tardius veniente domino, inebriaris rebus secundis, & verberas occidisque cōservos tuos, veniet dominus, qua hora minime reris, & te dissecabit, ibique ponet, ubi ponuntur Hypocritæ, ibi erit fletus stridorque dentium.

Mat. 24. v. 4.

Calvinus. 97.

Excommunicatio purgandæ Ecclesiæ optimum est remedium: atqui locum non habebit, si zyzania attingere fas non est.

Vaticanus.

1. Cor. 5. 5.

Non consequitur. Quos enim excommunicabat Paulus eos ad tempus tradebat Sathanæ, ut hac pœna subacti sese corrigerent, quo spiritus eorum (cum sese correxissent) servaretur in diem Domini. Hoc non erat zyzania evellere:

nam

nam evulsa zyzania funditus pereunt: nec eos Paulus pro zyzanijs habebat: non enim congeruntur zyzania in horreum. At illos Paulus servabat in horreum Christi.

Calvinus, 98.

Adde quod non tantum de perversis dogmatibus illic Dominus agit, sed quascunque corruptelas ad vitiandum bonum semen spargit Sathan, in genere designat (1) Facessant igitur Leges & judicia, si relinqui zyzania oportet usque ad messem. Vaticanus.

Non consequitur, quemadmodum jam ostendimus. Sed Calvinus non intelligens quid sit zyzania, aperte negat non relinquenda, quę Christus aperte docet relinquenda, ut sit Antichristus, hoc est, Christo aperte contrarius. Putat evelli zyzania a Magistratu, cum interficitur homo: quod perinde est, acsi putaret sanari febrem a carnifice, cum febricitantem interficit. Sic sanetur sane Calvinus, si hanc curationem amat. Pergit deinde, & postquam ecclesiam cum agro comparavit, qui zijzania ferre cogatur, sic infert.

Calvinus. 99.

Est quidem illud verum, simul ac cum Evangelio suo prodit Christus, ventilabro paleas a tritico discernere. Sed hoc ita facere incipit, ut plena purgatio ad diem vltimum differatur: quo segregabit agnos ab hædis.

Vaticanus.

Si ventilabrum ferrum est, hoc nihil ad verbum Evangelij: sin verbum est, hoc nihil ad ferrum Magistratus, præterea Christus Evangelio suo sementem fecit, paleas quidem a tritico, tempore sementis secernere non potuit, hoc enim esset contra naturam: sed neque potest, si quando prodijt cum Evangelio suo: Aliud enim est segetem adhuc viridem colere, aliud metere. Omnino messis tota fiet tempore messis, idque non a Magistratu, sed Dei nuncijs: nec palea a tritico ante diem illam separari, aut in ignem conijci incipiet.

Calvinus. 100.

(1) Non igitur quemlibet rigorē cessare Christus jubet, sed tolleranda esse mala admonet (2) quæ sine pernicie corrigi nequeunt.

Vaticanus.

1. Neque quisquā id dixit, quod sciam: Est enim excommunicatio rigor, quam nemo tollit: sed ea nihil ad evulsionem zyzaniorū (2) At Calvinus putat hæreticos a se posse interfici sine pernicie, cum nulla unquam major extiterit pernicies, quam ex occisione eorum, qui habetur pro hereticis. Calvinus. 101.

Acto. 5.

Gamalielis authoritas perperam ab illis adducitur. Suadet Gamaliel ut quiescant Scribæ, quia si ex hominibus est doctrina, sponte dissolvetur: sin ex Deo, nunquam poterit dissolvi? Nam id imperite dictum esse facile inde patet, quod non modo pessundet omnem politicum ordinem, sed ecclesiæ quoque disciplinam enervet. Et certe habenda erat personæ ratio. Nam Gamaliel ambigens quid rectum sit, quasi cæcus in tenebris neque huc neque illuc se convertere audet, sed suspēdit sentiam. Interim ex veris principijs malam consequentiam elicit, nihil adhibendū esse consilij, quia Deus quod suum est tuebitur: quod autem ab hominibus pes-

Vaticanus.

Est operæpretium videre istorũ (qui alios interficiunt, qui ab ipsis dissentiãt) concordiam. Bullingerus Calvini in fundendo sanguine socius, Gamalielis consilium summis laudibus extollit in Actis his verbis: Gamaliel pro prudentia sua & animi modestia, longe aliud decrevit. Illi in templo laniandis pecudibus assueti de sanguine & Laniena disserunt. Hic vero Scripturis & Legi Dei assuetꝰ a crudelitate retrahit & sapienter consulit. Habet enim Deus ministros suos vel in impiorum medio, quorum opera ad defendendum suos utitur. Qualem hoc loco Gamalielem videmus, cujus quidem authoritas magna fuit non tantum apud exteros Iudaicæ religionis cultores, sed apud nostrates quoque: meminerunt enim ejus, non citra insignem honoris prærogativam Doctores ecclesiastici. Nam ipse Paulus in 22° hujus Libri capite fatetur se ad pedes hujus Gamalielis perdidicisse Legem. Hinc Divus Hieronimus ejus mentionem facit in catalogo scriptorum Ecclesiasticorum. Imo Chrysostomus, & post hunc Beda ex authoritate Clementis Alexandrini aiunt Gamalielem fuisse in fide Apostolorum socium. Minime ergo mirandum est, quod tam cordatè Apostolorum causam *agit*. Hæc Bullingerus. At Calvinus tanto socio in re tanta planè contrarius est. Statuit enim (quia suam non veritatis causam agit) optima quæque enervare. Superius commendaverat Pauli sententiam Legis, quam a Gamaliele didicerat, hic Gamalielem cæcum facit. Quæramus igitur ab

Bullingerus in fundendo sanguine Calvini socius.

hoc

hoc tam perspicace Calvino, quid ipse Scribis consuluisset, si in isto concilio adfuisset? Nimirum ut interficerent Apostolos. Cum enim cęcum appellet eum, qui id dissuadebat, non est dubium, quin ipse contraria, hoc est mortem, suasurus fuerit: atque ita sententia Calvini interfecti fuissent Apostoli: & certe interfecit quod in se est, quod si negat, ostēdat nobis quid illis suasurus fuerit? Suasisset, credo, ut eos dimitterent, sed alias rationes adduxisset. Quasnam? Dixisset esse insontes? Non habuisset locum apud Scribas, qui id non credebant: Et consilium interea dandum erat de re ambigua. Quid agis Calvine? Si quis Cardinali Turonio super illis quinque religionis hominibus, quos ille Lugduni paulo ante, quam tu Servetum uno rogo cremavit, dedisset consiliū Gamalielis diceresne fuisse cęcum? Aut quid ei consuluisses? Vt eos dimitteret: Qua ratione? Quia veram religionem colerent? At hoc non credebat Cardinalis, & ad credendū cogere tu non potuisses. At disputasses. Sed ille disputationes & rationes tuas non admisisset: Est enim Scribarum similis. Adde quod disputationes longę sunt, durantque jam annos plus triginta: & praesens captivorum periculū postulat praesens aliquod consilium. Quid igitur tu Cardinali suasisses quo illorum vitæ consuleres? Nonne videmus in tali causa nihil esse Gamalielis consilio prudentius? Non enim de re quæ scribis certa esset, hoc dicit. Si actum fuisset de puniendo adulterio, nunquam dixisset: Si a Deo est: Certum enim erat adulterium non esse a Deo: Nec talia veniunt unquam in deliberationem.
Sed

Sed cū de Religione ageretur, quę tamen controversa erat, non potuisset etiamsi Christianus fuisset (quod fortassis erat) Iudęis dare consilium melius. Primū, ratio est vera, Si a Deo non est, sponte pessum ibit. Qualis est illa Christi: Omnis planta, quam meus Pater cœlestis non plantavit, extirpabitur: Sinite eos. Item Davidis qui Saulem interficere cum poisset, nolebat, Item exempla, quę adducit Gamaliel vera sunt. Nam Theudas ille & Iudas Galilæus in nihilum abierant. Iam quod metuebat Gamaliel, videlicet, ne cum Deo pugnarent, id illis postea accidit. Quod si Gamalielis consilium semper secuti fuissent, nunquam cum Deo pugnassent. Atque hodie eadem plane ratio est. Si enim Papistæ consilium hoc sequerentur nunquam tot insontes homines punirent: Quod idem dico de Zwinglianis & Calvinianis, Papistarū hac in re discipulis & imitatoribus. Nunc cum audiunt Gamalielē authore Calvino cęcum fuisse, si volunt ducem hunc sequi, erunt plane Gamalieli contrarij, atque ita authore Calvino passim fundetur sanguis, etiam Calvinianorum. Sed hic homo ita crudelis est tamque inexpiabili odio Serveti manes persequitur, ut malit etiam suos a Papistis comburi, quā hoc Gamalielis consilio servari, ne ipse peccasse videatur. Iam quod dicit Calvinus Gamalielis dictū esse eiusmodi, ut pessundet omnem politicum ordinem, & ecclesiæ disciplinam enervet, non vere dicit. Nam nec Apostolorum diciplina fuit enervis, quæ tamen caruit his Calvini nervis: & ordo politicus manet in peccatis certis & controversia carentibus. In Lege Mosis

Mat.15. 13.

G   de

de facilioribus minoribusque causis judicabant 70 Seniores: Difficilioresque causas ad Mosem referebant: Ipse super eis Deum consulebat. Sic hodie fieri potest. De adulterijs, de homicidijs, de falsis testimonijs, & cæteris notis certisque criminibus judicari sine periculo potest: Sed de Hæreticis controversa res est (nam si controversa non esset, non magis de eis disputaretur quam de homicidijs) & ideo ad oraculum referenda. Quemadmodum igitur Moses tempus oraculi expectabat, neque tamē politicum ordinem interea pessundabat: ita nobis temp' Iudicij Dei expectādum est, quod erit certum super hisce controversijs oraculum. Interea nihilominus utetur Deus suorum ministerio in rebus controversis.

Calvinus. 102.

Act. 23. 29.

Claudius Lysias Felici scribit, se nullum in Paulo reperisse crimen, quia tantum cum Iudæis de Lege disceptet: Nō quod probet Pauli causam, sed quia Legem susque deque habet, imo cuperet prorsus esse abolitam, ideoque gaudet intestinis dissidijs convelli. Tam boni, scilicet patroni voce, judicij laqueos dissolvere conatus est Servetus, quasi cœleste esset oraculum quod Lucas a tam malo authore profectum esse recitat.

Vaticanus.

Missus erat Lysias, ut de maleficijs aut facinoribus judicaret. De Lege vero non magis judicare poterat, quam de musica. Itaque quod de re sibi neque nota, neque commissa judex esse noluit, sapuit. Quod si sapuisset & Genevensis Magistratus, nunquam de Serveto judicasset, non

magis

magis quā de musica. Nā quid sit Hypostatice & cognotative, & cætera nunquam in Biblijs lecta verba, quę in causa Serveti teruntur, & omnino quid sibi velit tota hæc Calvini de Trinitate spinosa & tenebricosa, nec ipso Calvino satis explicata disputatio, certo scio non magis novit Magistratus Genevensis, quam Lysias noverat Pauli causam. Ostendunt hæc Literæ eorum ad Helveticos Ministros, in quibus scribunt, se non dubitare de fide Ministrorum suorum, quasi hoc dicant. Iudicare se aliena fide, alienisque oculis.

Calvinus. 103.

Obijciunt tandem: Cum jussus est Petrus gladium in vaginā recondere, Dominum satis clare testatum esse, quam sibi non placeat violenta & armata Evangelij defensio. Sed quid si excipiam, ne verbis quidem coram Pilato suam innocentiam asseruisse, ut jure poterat? *Mat. 26. 52.*

Vaticanus.

Hoc mihi videtur contra Calvinum esse. Si enim ne verbis quidem pugnavit, quanto minus ferro? *Ioh. 15.*

Calvinus. 104.

Si decreto Patris obsequi volens, quasi agnᵘˢ coram tonsore obmutuit, & tantisper a prędicando Evangelio abstinuit, dum sacrificio mortis suę peccata expiaret, miramur si Petrum a cæde prohibuerit?

Vaticanus.

Etiam ejusdem Patris Decretum est ut compatiamur, si conregnare volumus.

Calvinus. 105.

Verum aliud est quod respondeam. Ius stringendi gladij Christus ministro suo non concedit: temere enim homo privatus arripuerat. *Rom. 8. 17. 2.Tim.2. 11.12.*

Vaticanus.

G ij

Et cum homo privatus erat, cum Ananiam & Saphiram stravit. Sed dic mihi Calvine, cum Servetum accusasti, nonne privatus homo gladium arripuisti? Nam qui accusat, interficit. Non tu quidem tua manu, sed ne Herodes quidem Iohannem sua manu.

Calvinus. 106.

Tumultuose non vult repelli milites, a quibus vinciendus erat, nempe ne hanc infamiam subiret, quasi aleret pro Evangelij ministris sicarios. Vaticanus.

Hanc Infamiam non timuit Calvinus.

Calvinus. 107.

Hinc colligi nulla ratio patitur, Principum manus ligari, ne ordinarium munus suum exerceant. Vaticanus.

At nos ordinarium munus esse Principum negamus. Calvinus. 108.

In summa, vi Petrum grassari non ideo vetat, vel ut Magistratus exarmet, vel ut eos repellat a Iusta Evangelij propugnatione (.1.) Sed quia non vult illum ruere præcipiti impetu extra vocationis suæ metas, nec morti suæ, qua reconciliandi erant homines Deo, quicquam moræ afferri. Vaticanus.

Magistratus officium Christus hoc loco non attingit. Nam si Magistratus officio suo functus fuisset, Christū nō comprehendisset sed adversus illos defendisset, non propter fidem aut Religionem, sed propter innocentis hominis defensionem in lege præscriptam. Cur Petrum uti gladio prohibuerit, causam ipse dicit: Calicem quem mihi dedit Pater non vis vt bibam? Hunc

cali-

calicem Calvinꝰ alijs propinare novit, non ipse bibere, nihil enim eum ad se pertinere putat, quasi eum sic potaverit Christus, ut nobis potandus non sit: Nec est Calvinus ex eorum numero, quibus dictum est: calicem quidem me- *Mat. 20.* um bibetis(1) Calvini vocatio longius porrigitur quam Petri: Huic enim occidere licet, sed aliena manu.

Calvinus 109.

Hactenus quecuncque ab adversa parte obtendi solent bona fide retuli, & me satis diluisse arbitror.

Vaticanus.

Imo multa alia solent obtendi, quæ extant in illo de hęreticis libro, quem supra citavimus; Quorum nihil vere diluit Calvinus.

Calvinus. 110.

Super est, ut non modo liberum esse Magistratibus doceam pœnas sumere de cœlestis doctrinę corruptoribus, sed quod illis nolunt licere (1) imperiti, divinitus esse mandatum, ut pestiferis (2) erroribus impunitatem dare nequeant, quin desciscant ab officij sui fide.

Vaticanus.

Imperitos vocat Augustinum, Hilarium, Chrysostomum, Lutherum, & ceteros, quorum tamẽ testimonijs, presertim Augustini, doctrinā suam sæpe fulcire solet. Credamus igitur imperitum esse eum, qui imperitorum testimonijs nitatur, aut peritos appellet eos, quorum testimonijs nitatur. 2. Erroribus dat veniam Lex, etiam si quis hominem per errorẽ interfecerit, qui tamen error est Lethifer.

Calvinus 111.

Ac primum quidem hoc dictare naturæ sensum, ut in omni politia bene composita, principium teneat religio, & Legum præsidio integra servetur, testes sunt ipsi increduli: Legantur Philosophi, quicuncque hoc argumentum tractarunt. Certe incipiunt a Divino cultu, & eo religionis genere, quod optimum esse putabant, ut secundum eos barbarus sit & insipidus legislator, cui pietatis erga Deos prima non est cura. Pudendum vero nobis erit, illos in tenebris vidisse, quod nos in luce fugiat. Nec superstitioni tribui potest, quod illi in Legibus suis religionis costodiam complexi sunt.   Vaticanus.

Paulo ante repudiavit exemplum Lysiæ, quem malum authorem appellavit. Nunc exemplo nititur incredulorum. Cur potius incredulos imitemur, quam Lysiam? Neque tamen nego admittendum esse, si quid in illis boni fuit, Sed quod idem Lysiæ negetur, hoc vero indignor. Preterea cum Legislatores illi multa vitiosa tradiderint, nolo eos sequi, ne in ijs quidem quę bene tradidisse videantur, nisi ea mihi aliunde constent. Periculosum est enim ei credere, qui te aliquando decepit. Tradiderunt non esse admittendos Deos novos aut advenas: hac de causa Christum repudiarunt Athenienses philosophi; & *Symmachus* Romanis suasit, ut Christum repudiarent, quod noÿ Deus esset. Quod si authores hos, quos nobis commendat Calvinus, secuti fuissent maiores nostri, nunquam Christum accepissent, & nunc si nos illos sequi volemus Christum repudiabimus, & ad Philosophiam scientiamque vanam (ut Pauli verbis utar

Coloss. 2.

utar) revertemur, quę nos deprędetur Christoque privet. Itaque si statuissent illi religionem ferro esse defendendam, nollem eos sequi, nisi aliunde certum testimonium haberem. Sed ne id quidem statuerunt, quod sciam. Religionis quidem in luis Legibus rationem primam habuerunt, sed non ut eam ferri præsidio sic sepirent, ut vult Calvinus: Nam Cicero in 2 de Legib', ubi testatur se optimas & reipub: consentaneas daturum sic Leges exorditur: Ad Divos adeunto. Caste pietatem adhibento. Opes amovento. Qui secus faxit, Deus ipse vindexerit. Et paulo post hunc locum declarans, sic loquitur: Quod autem non judex, sed Deus ipse judex constituitur, præsentis pœnæ metu religio confirmari videtur. Et paulo ante hunc locum: Legem perjurii his verbis concepit. Perjurii pœna divina exitium, humana dedecus. Vides hic impietatem & impium gladio non subijci. Fecerunt enim illi Legislatores duo genera peccatorum, quorū alia Deo punienda reliquerunt, ut ea quæ modo diximus: Alia quia læderent homines, hominibus punienda mandarunt, ut ipse Cicero in eodē loco scribit: Sacrum sacrove commendatum qui clepserit, rapseritque, parricida esto. Perjurii pœna divina exitium, humana dedecus. Incæstum pontifices supremo supplicio sanciunto. Calvinus, 112.

Quid enim absurdius est, cum furta severe puniat Iudex, sacrilegijs licentiam dare? Cum suum cuique honorem salvum tueatur (1) laceranda impijs exponere Dei gloriam?

Vaticanus

Argumentū a minori ad mai', si minora peccata pu nipuniuntur, magis decet majora puniri. Ac primum peccat ipse contra Legem hanc in suis illis, quas supra dixi, Legibus, inquibus leviorem pœnam statuit avaritiæ mendacio, calumniæ & Iracundiæ, qnam lusionibus & choreis: Deinde in tota Genevensi republica, cum ibi furtum & falsæ monetæ cusio aperte contra Mosis Legem plectantur: adulterium autem & inobedientia in parentes (quæ longe graviora sunt, & in lege capite sanciuntur) non plectantur. Quid si hæc a Magistratu suo non petit, cur hic tantopere urget? Sin petens non potest obtinere, habet inobedientem & malum Magistratum. Ideóque ei non debuit permittere ut hæreticos persequatur, cum eam persecutioné non nisi bonis permittendam esse docuerit. Deinde peccat quod de hæreticis disputans sacrilegia nominat, quasi vero idem sit sacrilegium & hæresis. Postremo quod indistincte argumentari solent quidam: Si Magistratus est defensor secundæ tabulæ, quanto magis primæ? Hæc sunt sophismata otiosorum hominum, quibus imperitum vulgus illaqueant. Sic enim eorum more argumentari liceret: Si pastores possunt Magistratuum animis imperare, quanto magis corporibus? Si verbo possint ligare animas, quanto magis ferro corpora? Si verbo licuit Petro sternere Ananiam, quanto magis Malchum ferro? Si Eliæ fas fuit ignem de cœlo devocare ad comburendos Regis nuncios, quanto magis Apostolis ad comburendos Samaritanos? Si Mosi licuit occidere Ægyptium, quanto magis Christo? Hæc sunt omnia fallacia, quibus isti sophistæ ad sanguinem fundendum homi-

homines inpellũt. Res sic explicari potest: Si furtũ punitur, quanto magis punietur Hypocrisis, & avaritia, & Invidia? etc. Recte: sed furtum ab hominibus, Hypocrisis a Deo.   Si punitur qui lacerat honorem hominis, quanto magis qui Dei? Recte: sed hic a Deo, ille ab hominib*. Punit enim Magistratus actionem, Deus cogitationem: Hic ebrietatem, ille ebriositatem: hic furtum, ille furacitatem: Hic corporis, ille animi adulterium: hic raptum, ille rapacitatem: hic stuprum, ille stuprandi voluntatem; hic homicidium, ille odium: Denique ille radicem, hic ramos: hic rivum, ille fontem: hic corpus, ille animam, Hæc nisi sic distinguamus, omnia confundemus (1) Lacerabat Dei gloriam Herodes, cum laudante populo ejus eloquentiam, superbiret, nec Deo gloriam tribueret: nec tamen a Magistratu puniri potuisset: nulla enim Lex capite sancit ejusmodi superbiam. Itaque a Deo punitus est, qui animam punit. Idem dico de Nabuchodonosore, qui superbiens dixit, magnã illam Babylonem a se fuisse conditam, propter quem fastum, conversus est in bestiam. Idẽ dico & de ijs, quos Deus sic opjurgat: O filij hominũ, quousque gloriã meam convertitis in infamiam? Quousque amabitis vanitatem & quæritis mendacium? Amare vanitatem est lacerare Dei gloriam. & tamen si vellet Calvin* omnes vanitates amatores puniri a Magistratu, nemo superesset ei qui punire possit ipsum Magistratum. Punientur hæc a Deo non ab hominibus.

Act. 12.

Dan. 4.
17.
Psal. 4.

Calvinus. 113.

De perjurijs nemo litẽ movere audebit, quin

grauiter punienda sit, Cur hoc fatentur, qui hæreticis exhibendam esse molestiam negant? nisi quia perjurijs læditur humana societas?
Vaticanus.

Lex Rhemia. Perjurium si alteri nocet, ut sit in falsis testimonijs punitur talione, non lege perjurij, sed lege falsi testimonij: Alioquin perjurij pœna est diuina, exitium, ut supra ex Cicerone posuimus, ut patet Num. 5. vbi si vxor, viro suspecta de adulterio, adhibita aqua illa dira, id perpetrauerit, punitur a Deo, non a Magistratu. Sed esto sane, puniatur perjurium: quid hoc ad hęreticos? Qui peierat, sciens peccat: sicut qui hominem interficit: hęreticus (ut nunc hęretici) non item: Cur in eodem loco ponemus eos qui errantes peccant, cum ijs, qui data opera faciunt? Etiam perjurium inscienter patratum condonat Lex, & ad eam rem institutum est sacrificium. Homicidæ vero, qui imprudens fecerit, venia datur, & postliminium post mortē Pōtificis. Cur non errantib[9] idem præstet Christi mors? ### Calvinus. 114.

Ergo Dei gloria hominum commodis implicita vindicabitur, vbi autem de sua jactura nemo queretur. 1. multa cum ludibrio jacebit?
Vaticanus.

Imo punietur, sed a Deo, ut de Herode & cæteris diximus. ### Calvinus. 115.

Superuacuum foret pluribus verbis hoc persequi. Nam cum rectæ politiæ sit finis, legittimi inter homines ordinis conseruatio, neglectus autem pietatis ordinem hunc ita dissipet, ut citra ipsam bruta sit hominum vita: mutilam esse gubernationis formam, constat, in qua negligitur religio. Et Magistratus non nisi dimidios esse, & umbratiles qui forensibus tantum negotijs intenti, de asserendo Dei cultu non cogitant. Vaticanus.

Legitimus ordo est, ut Pastor animas curet, Magistratus vero corpora. Qui animas Magistratui tradit, privat Pastorē officio suo, & omnem pervertit ordinem. Sic Moses precibus, *Exo. 17.* Iosua manu bellum gerebant. Solvite quæ *Mat. 22.* sunt Cæsaris, Cæsari, & quæ sunt Dei Deo. *21.*

Calvinus. 116

Huius rei illustre nobis exemplum, Spiritus Dei proponit in Nabuchodonosor. Nam eius edictum celebrat Daniel: quo capitalem pœnam denunciat, siquis in Deum Israel blasphemus fuerit. Honor profecto non vulgaris crudeli tyranno habetur, cum Prophetā suum dominus, ad publicandas, quas tulit Leges, quasi preconem assignat, & Leges ipsas in acta sua refert, sacrisque suis oraculis annumerat. Quid? An Spiritus sancti & prophetæ elogio laudatur Nabugodonosor, qui veri Dei gloriam pro imperio tutandam suscepit, ut ad impiam eius prophanationem coniveant sancti Magistratus? Ac non potius his Dominus, sub prophani regis persona, quid ipsos deceat præscribit? *Dan. 3.*

Vaticanus.

Cum ante tanto fastidio repudiaverit Calvinus consilium Gamalielis, cur nunc tantopere Nabugodonosoris celebret quæ causa sit non video, nisi quod illud erat mitius, hoc durius, ne dicam sævius: & Calvinus omnia sæva libenter amplectitur, mitia respuit. Nam quod dicit hoc edictum à Daniele celebrari, idem de ~~Gamalielis consilio~~ dici potest. Sic enim illud parrat narrat Lucas, quomodo hoc Daniel: neuter sententiam suam interponit, rectum sit, an non sit. Sed Calvinus homo Nabugodonosorianus, hoc supra modum extollit, illud cæcum esse refert. Mihi vero Gamaliel mollior & novo fœderi aptior esse videtur. Nabugodonosor sapit ferrum & plane crudelem tyrannum, quemadmodum eum appellat ipse Calvinus: *Dan. 2.* Ac eadem temeritate videri potest hoc edictū promulgasse, qua paulo ante voluerat interficere sapientes suos, quia sommium explicare nescivisset: aut qua Danielem adoraverat, & ei sacrificium suffitumque fieri imperaverat. Quod si placet hoc imitari, sacrificetur etiam Calvino, non solum Deo. Talis erat illorum *Act. 14.* non imitanda temeritas, qui Paulo & Barnabæ sacrificium facere volebant, & mox facillime mutati, Paulum lapidarunt. Sic hic Nabugodonosor, postquam mortem minatus est omnibᵘˢ qui male loquerentur de Deo Sidraci, Misaci & Abdenagonis, tantum ipsemet abfuit, ut ei Deo dignam gloriā tribueret, ut quemadmodum capite sequenti narratur, adversus eum immodice superbiverit, & eam ob causam in brutam naturam conversus fuerit.

Nota. Sed fuerit sane justum hoc tyranni edictum, quoniam Calvinus tyrannorum facta libenter approbat, tamen non est in novo fœdere imitandū. Potest responderi: Nescitis cuiᵘˢ spi-

Luc. 9. ,, ritᵘˢ sitis, filiᵘˢ hominis non venit ad perdendū

55. ,, sed servandum. Si noluit Chri∫tᵘˢ ut Apostoli

§ ,, Eliam, Privati privatum, Prophetæ Prophetā

,, imitarentur, quanto minus vellet ut Christiani

Magi∫tratus cruentum tyranni edictum imi-

centur?

rentur? Verum esto, concedamus omnia sæva Calvino, sit imitandus sane tyrannus, quid inde consequetur? Interficiendos esse omnes qui de Deo Israel maledicunt: at huc quidem lege nemo interficietur: omnes enim Deum confitentur. Sed hæc ad Christum transferamus: Interficiendi erunt Iudæi, qui de Christo maledicunt. Hæc nihil ad hæreticos, qui Christũ confitentur, etiamsi errent. Nam errare non est maledicere: Quemadmodum si quis Calvinũ errans diceret esse alba veste indutũ, cum sit rubra, non continuo de eo malediceret. Enimvero si placet imitari edicta Regũ, imitemur Cijri edictum, quem Esdras longe magnificentius *Esdr. 1.* celebrat, quam Daniel Nabugodonosorem. Est enim factũ instinctu divini Spiritus, quo edixit ut Iudæi, qui in eius regno degerent, Hierosolimam proficiscerentur, sed neminem coegit. Sic nos ad pietatem neminem cogere conemur: Nam invitus nemo fiet bonus, Et qui ad fidem cogere volunt homines, perinde faciunt, ac si quis in os recusantis ægroti baculo cibum intruderet. Sacræ literæ cum de docenda charitate loquuntur, utuntur verbo persuadendi: Isti non verbis persuadere volunt, sed ferro cogere: Ergo Christianos habent ferreos, sicut Evangelium ferreum. Sed pergamus, & omissis Calvini jam satis refutatis exclamationibus, ad rem veniamus.

Calvinus. 117.

Sed jam audiamus quid juris dominus statuerit in sua ecclesia: Postquam enim prophetam & Somniatorem, qui populum abducere tentaverit a recto pietatis cultu, jussit occidi, eandẽ *Deu. 13.*

pœnam

Deu. 13.
„ pœnam extendit ad singulos his verbis: Si inci-
„ taverit te frater tuus, filius matris tuæ, aut filius
„ tuus, aut filia tua, aut uxor quæ est in sinu tuo,
„ aut proxim⁹, quem habes quasi animam tuam,
„ secreto dicens: Eamus & serviamus Dijs alie-
„ nis, quos nec tu nosti, nec patres tui, non acqui-
„ esces ei, nec audies eum: Non parcet ei ocu-
„ lus tuus, nec ei propitius erit, ut occultes eum:
„ quum potius occidendo occides eum & manus
„ tua prima sit, ut illum interficiat: Deinde man⁹
„ totius populi: Opprimes autem eum Lapidib⁹.
„   Vaticanus.

Hæc nihil ad Hæreticos: nullus enim eorum dicit: Eamus & serviamus Dijs alienis: Quin profitentur omnes eundem Deum, quem nos agnoscimus, & patres nostri. Nec quisquam nos ad Baalis, aut Astharoti, aut Neptuni cultum impellit. Quod si dicet Calvinus eos, qui pravæ intelligunt sacras scripturas, Deos alienos colere, male dicet: nam & Saducæi eas prave intelligebant cum resurrectionē negarent, qui error erat certe gravior, quam ullus Serveti: Itemque cum de Dei regno circa connubia carnaliter sentirent: Nec tamen unquam

Mat. 22. 29.
accusati sunt huius criminis: Nec Christus eos alieni Dei cultores appellavit, sed errare dixit, nescientes scripturas, & eos benigne

Ioh. 20. 25.
docuit. Erravit & Thomas & quidem graviter, qui Christum resurexisse non ante credere voluit, quam vidisset, cum tamen & Christi antegressam prædicationē, & Apostolorum omnium consentiens testimonium haberet. Er-

Act. 10.
rarunt & ipsi Apostoli, qui primum non putarunt in Evangelij gratiā admittendas esse gentes, qui error tanti erat momenti, ut nos omnes a gratia excluderet neque tamē idololatræ, aut

impij

impij aut blasphemi fuerunt. Postremo Papistas ipse Calvinus non solum errare, aut Hæreticos esse, sed impios & blasphemos & alieni dei vel potius Deorum cultores & Antichristos esse contendit. Quod si habent alienum Deum, baptisant pueros in nomine alieni Dei. Atqui Calvinus ipse ab eis baptisatus est & baptismum hunc ratum habet. Quod si is baptismus verus est, oportet ut habeant Hæretici Papistæ verum Deum: Ita fit ut non debeant Hæretici inter alieni Dei cultores numerari: Sin malus est baptismus, debet Calvinus rebaptisari, nec dum est Christianus. Sin alienos Deos interpretatur peccata, Avaritiam, Luxuriam, & cætera, quæ Dij in novo Testamento vocantur (quorū Deus venter est, inquit, & avaritia, quæ est Idolorum cultus) & significata sunt per illos veteris Testamenti peregrinos Deos, hæc nihil ad magistratum: Ipse sibi quisque Magistratus esse debet, in hoc negotio, ut docet Christus: Si oculus tuus, aut manus, aut pes te impedit, abscinde. Hæc est vera illa lapidatio, quæ hac Mosis Lege significatur: Ad quam ubi ventum est, finem habet illa: Sicuti finem habent umbræ Legis, postquam Lux venit. Quod si Calvinus volebat servare Legem, debebat Servetus non comburi, sed a populo lapidari, & Calvinus ipse, ut Innocentissimus, primum lapidem jacere.

Phil. 3.
19.
Col. 4. 5.

Mat. 5.
29.

Calvinus 118.
Eant nunc & crudelitatis Deum accusent, quibus instar venialis Delicti est a pura fide & Dei cultu defectio. Vaticanus
Quinam ij sint nescio. Mihi videtur hæc defectio gravissimum & plane Lethale peccatum, & ita Lethale ut ab hominibus (qui æternam mortem

tem non habent) puniri non possit, sed tantum a Deo igni æterno, ut ostenditur in Epistola ad Hebræos: si volentes peccaverimus (inquit) post acceptam cognitionem veritatis, non ultra pro peccatis relicta est hostia sed formidabilis quædã expectatio Iudicij, & ignis vehementia, qui devoraturus est adversarios. Sed hęc defectio est in spiritum sanctum, cuius pœna Magistratui non datur, sed Deo reservatur. Et Calvinus de hęresi disputaturum se pollicitus, huc divertitur, quasi sit idem: Vt eos, qui ab eo dissentiunt (quos hæreticos appellare solet) omnibus infamib⁹ nominibus obrutos possit opprimere. Hác eandem artem exercuerunt olim Scribæ & Pharisæi.   Calvinus. 119.

Heb. 10.

Ceterum antequam ultra progrediamur, duo notare operæpretium est. Neque enim religionem, qualiscunque tandem sit, tam severe conservat ac sancit, sed quã verbo suo instituerat. Deinde lapidationis pœnam in exteros non edicit, sed qui Legis doctrinam professi perfide ab ea desciverunt. Ita tollitur offensio, quæ multos imperitos fallit, dum metuunt ne hoc prætextu ad sæviendum armentur Papæ carnifices. Nam si Dominus populo suo certam pietatis regulam ante patefecit, quam pœnis subijceret apostatas, quisnam mortalium sibi hoc sumere audebit, ut doctrinæ genus suo vel alterius arbitrio confictum, gladio & pœnis sanciat? ergo non vaga & cæca potestate instruimus Magistratus, ut eorum præsidio sine delectu recepta quævis religio in suo statu maneat: Sed tenendam esse contendimus Legem divinitus præfixam, ut comperta veritati succedat demum

mum pœnarum sanctio.

Vaticanus.

Omnes sectæ religionem suam verbo Dei tuentur, certamque esse dicunt. Itaque omnes Sectæ hac Calvini norma armatæ alias persequentur. Dicit Calvinus suam esse certam, & illæ suam: Dicit illas errare, & illæ eum: Calvinus vult esse Iudex, & illæ volunt. Quis erit Iudex? Quis Calvinum constituit omnium sectarum Iudicem, ut solus alias possit occidere? Quo Iudicio ostendit se solum sapere? Habet verbum Dei, & illæ habent. Si ita certa res est, cui certa est? Calvino? Et alij putant sibi esse certam, Sed cur tot Libros scribit Calvinus de comperta veritate? Cur nullum librum scribit, quo ostendat homicidium, aut adulterium esse flagitium? Quia certa res est. Cur hæret comburi se patitur ut neget vera esse, quæ sunt in sacris literis? Quia omnibus in confesso res est. Cur ergo existunt, qui interfici se sustineant propter rebaptisationem, & alia quædam, cum tamen sacras literas admittant & revereantur? Nonne quia controversa res est? Quod si Calvin' omnia jam perspecta & cognita habet, cur non expectat, donec illi quoque ea perspiciant? Cur eos interficiendo efficit, ut discere non possint? Duodecim sunt horæ diei: potest quis hora undecima discere: quid scis (inquit Paulus) utrum uxorem tuam servaturus sis? Quod si sperari vult adhuc Paulus de conjuge infideli, qui tamen quotidianis conjugis admonitionibus nondum revocari potest, cur non & de hereticis sperari possit?

Quare non est ut sibi blandiantur errorum patroni, qui in fundendo innoxio sanguine stulto suo zelo & ignorantiæ indulgent, ut saltem Inquisitionis onus in alios reijciant, ut sibi (1) ex alienis responsis sanctos Christi martyres crudeliter interficere liceat.

Vaticanus.

Tu eis fenestram aperis isto Libro, non minus quam tuis. Cum enim putent se cultú præstare Deo, dum pios interficiunt, & insuper exhortatione tua impellantur (neque enim eis adhuc persuasisti eos esse malos, ut sibi a persecutionibus abstinendum, & eas Genevensibus permittendas existiment) ferentur deinceps præcipites in sanguinem, sicut tu, & quicunque ab eis dissentiet, eum interficient, sicut tu: ut nullus vnquam Nero, nullus Caracalla, nullus Heliogabalus, non vniversi denique Tyranni unquam tantú sanguinis fuderint, quantum tu & Zwinglius vestris istis cruentis & sanguine exaratis dictis & scriptis & hactenus effudistis & deinceps effundetis, nisi respiciente genus humanum Deo, principes & Magistratus a vobis fascinati atque cœcati cœperint oculos aperire, & suum vobis in hauriendo sanguine ministerium deinceps denegare, (1) Sicut Gænevensis senatꝰ ex Calvini & eius sociorum responsis hominem interfecit, de quibus causis non magis judicare poterat, quam cœci de coloribus.

Calvinus. 121.

Ad hęc solvitur quorundam objectio, qui rogant, an gladio adigendi sint ad Christi fidem Iudei, Turcæ, & similes. Negat enim in omnes

pro-

promiscue gladium stringi iubet Deus: Sed Apostatas, qui se impie alienaverint a vero cultu, & alios ad similem defectionem trahere conati fuerint, iustę poenę subijcit.

Vaticanus.

Postula a me (inquit pater filio) & tibi dabo gentes Hæreditatę, & fines terræ possessionem. Itē filius: Mihi data est omnis potestas in coelo & in terra. Itaque cum sit totius orbis rex, nulla gens potest excludi, quin ea sit Christianorum gladio persequenda. Si vera est Lex Calvini. Iam vero Turcę & cęteri in Asia sunt Apostatę: ibi enim predicatum & creditum fuit Evangelium: Itaque ij maxime essent persequendi. Quid de Iudęis dicam, quibus dictū fuit, Prophetam vobis suscitabit Dominus &c. Cui si quis non paruerit, morietur. Iam hunc prophetam Christū esse ostendit Stephanus: Quem Christum cum repudiaverint Iudęi, ij maxime digni sunt supplicio. Quod si hęreticos habet Calvinus pro Apostatis, cum Papistas Hęreticos iudicet, deberet eos in primis persequi, & coacto Genevensium exercitu, Galliam in primis invadere, quæ a vera Apostolorum religione defecerit. Quod si negabit habere se satis viriū, respondebitur: Nolite eos timere, unus vestrū fugabit centum, & centum fugabunt decem milia. Quod si ne sic quidem audet, debebat saltem Cardinalem Turonum comprehendere, qui per Genevā paulo ante mortem Serveti transijt, proficiscens (id quod sciebant omnes) ad comburendos pios homines, qui erant Lugduni in vinculis, quos & paulo post combussit. Hic, hic debuit, summitti coquus ille Calvini, aut ipse Calvinus carnificem

Psal. 2.
Mat. 28.
18.
Deut. 18
Act. 7.

illum Cardinalem accusare: Servasset vitam illorum. Sed mavult cum Papistis conspirare, seque semper cum potentioribus conjungere.

Calvinus. 122.

Nunc vero quisquis hæreticis & blasphemis injuste pœnam infligi contendet, sciens & volens eodem se obstringet blasphemiæ reatu.

Vaticanus.

Quoniam nullū in sacris literis locum invenit, qui jubeat hæreticos interfici, jungit eos maliciose cum blasphemis, ut si quis eos a morte vindicare velit, gravetur invidia societati nominis, quasi qui blasphemis patrocinari velit. Sic fecit in Libro, quem scripsit contra Anabaptistas & Libertinos, in quo ut gravet Anabaptistas conjungit eos cum Libertinis, cum duæ illæ sectæ non minus sint inter se contrariæ, quam Calvin⁹ & Servetus. Didicit hanc artem a Iudæis qui Christum inter latrones crucifixerūt. Pergit deinde exaggerare pietatis studium, Iubet facessere paternum amorem, quicquid est inter fratres, propinquos & amicos benevolentiæ, atque id totum facit ut inimicos suos possit opprimere. Nā si esset ipse tam studiosus servandę Legis quam simulat, cœpisset a suis (ipse me intelliget cum hæc leget) Cur incipit ab hæreticis, quos nulqā lex nominat? Cur non potius ab adulteris, quorum magnum habet numerum Geneva, & quorum pœna in Lege nominatim sancitur? Quod si hæc non impetrat a Magistratu, qualem habet Magistratum? Cur ab eo facilius impetrat de incertis hæreticorum erroribus, quam de certis adulterorum flagitijs? Nec ego hæc dico, quod velim Mosaica pœna puniri

adul-

adulteros. Malim alios etiam pœnas molliri quam hanc intendi, & ad Mosem revocari: scio quales simus hodie homines: si omnes morte puniremur, qui mortem secundum Legem Mosis meruimus, bone Deus quis evaderet? Sed cum Calvinus nos ad legem illam tam severe vocet, indignum est eum ad tam nota crimina connivere, præsertim cum Magistratum habeat ita obsequentem, ut per eum possit interficere, quos nusquam jubet Lex interfici, ne quid interim dicam, quod monetę falsarios & fures Genevę contra Legem patiatur interfici, cum Lex fures non morte, sed mulcta puniat. Iam illud per Deum quale est, quod Legê citat de evertendis funditus urbibus colentium Deos alienos, etiam una pecorio & supellectili? Ergo si vires nactus fuerit Calvinus, invadet Galliam, ęterasque nationes, quas pro Idololatris habet: Ibit, evertet urbes, homines universos trucidabit, non feminis, non ætate confectis, non Lactantibus parcet: Pecora insuper mactabit, & congestam in medium forum supellectilem una cum Serveto cremabit. Perpendantur eius verba: Hæc eo spectant: Huc nos revocat Iudæus iste, qui Mosem velato vultu legit, nec intelligit finem Legis esse Christum, nec patitur illi oraculo dari locum: Filius non portabit iniquitatem patris. Quid enim meruit infans, si pater est idololatra? Nunquam ne relictis legis umbris in Lucem veniemus?

Calvinus. 123.

Sed ubi a suis fundamentis convellitur Religio, detestandæ in Deû blasphemiæ proferuntur, impijs & pestiferis dogmatibus in exitium

H iij

rapiuntur animæ: denique ubi palam defectio ab vnico Deo, puraque ejus doctrina tentatur, ad extremú illud remediú defendere necesse est, ne mortale venenum longius serpat.

Vaticanus.

Hoc nobis monstrum describit Calvinus, quale ego, absit ut velim defendere, pereant per me sane si qui palam defectionem docent ab vnico Deo. Sed tales esse eos, qui a Calvino dissentiunt, & quos habet Calvin° pro hereticis, ego non credo. Nam multi vel Zuingliani, vel Lutherani, vel Anabaptistæ, vel Papistæ, in rebus gravissimis dissentiunt, qui tamen unum Deum venerantur, venerandumque docent: quin ne ipsum quidem Servetum (quem hic depingere voluit Calvinus) talem fuisse credo. Nunquam enim mori voluisset, potiusque recantasset, ut ita Serveti blasphemiæ, & Calvini innocentia pateret. Oportet in libris ejus fuisse aliquid, quod Calvin° reformidaret. Neque enim combussit metuens ne publicarentur errores Serveti, cum ipsemet Calvinus quos putat illius errores esse detestabilissimos, eos hoc suo libro toti mundo publicarit. Credo Servetum in eo libro detexisse multos errores Calvini, quemadmodú significare videtur in ipso Calvini libro pag. 223. ubi sic loquitur Servetus: *Vtinam mihi liberum esset errorum tuorum facere Catalogú.* Itaque metuens Calvin° ne detegeretur, & hominé & libri cremavit. Sed videt eum Deus, cujus non reformidat oculos, omnia patebunt: Nunquá tam multos extinguet Calvinus, quin supersint, qui ejus errores videant ac detegant. Quanto ipse se diligentius

&

& diutius tenuit, tanto erit postea magis invisus illis ipsis, quos decepit.

Calvinus. 124.

Iudex Moses, quam humaniter in alijs criminibus puniendis se gesserit, constat: in vindicando autem Dei cultu totus ardet. Consecrate inquit, manus vestras, Domino: Nemo fratri suo vel propinquo ignoscat: Vt quisque obvius fuerit, sine venia occidite. An putamus subito furore correptum, ita solitę clementię tunc oblitum fuisse, ut sacros Levitas sanguine madefieri juberet. Vaticanus.

Hic locus Calvinū refellit: Erant illi Levitę, nos Levitas alios non habemus quam Christū, qui sacerdos est secundum ordinem Melchisedech: & Christiani omnes, qui sunt regale sacerdotium. Quod si Levitarum factum imitandum est, Christo imitandum fuit, qui illis successit, & sane imitatus est. Vt enim illi corporales sacerdotes corporaliter suis fratribus & propinquis non pepercerunt: sic spiritualis sacerdos Christus spiritualiter suis fratribus & propinquis non parcit: Quę est mea mater(inquit)aut qui sunt mei fratres? Abi post me Satana, inquit Petro. Item qui non renunciaverit patri & matri &c: et adeo sibimetipsi non potest meus esse discipulus. Hęc est spiritualis illa occisio propinquorum, significata illo facto Levitarum, & declarata nobis ab hoc nostro Levita ęterno, quę si retinere volumꝰ, necesse est ut sinamus illas figuras evanescere: sin figuras retinemus, nihil aliud quam Iudęi sumus, & a gratia excidimus, qui sub lege esse volumus: nam utrumque retineri nequit.

H iiij   Calvinus

Si quidam hunc ordinem regno Christi, quod spirituale est, & præsenti seculo congruere negant, quia nusquam in Evangelio detur tale mandatum. Ergo quia disertis verbis Christus & Apostoli non præcipiunt, quo poenæ generæ digna sunt adulteria & furta, ideo cessabūt a suo officio magistratus? Si quis excipiat, qui a Christi adventu abolitæ non sunt politiæ, sumendas esse de maleficiis poenas, ut Legibus sanæ constitutū: nempe huic responso libēter subscribo. (1) Nullos fuisse Magistratus, quibus præciperent Apostoli quod rectum esset, dicere supersedeo. Hoc vno contentus sum, Christi adventu nec mutatum esse politicum ordinem, nec de Magistratuum officio quicque detractum. Agedū quod Paulus docet: Non frustra ab ipsis gladiū gestari, an ad speciem vnam restringi debet?

Vaticanus.

Et si hęc omnia Calvino concederemus, atque adeo vniversam Mosis Legem admitteremus, nihil tamen effecit. Dixerat se ostensurum ferro coercendos Hęreticos, Hęreticus quid sit, nusquam definit: Id quod est valde vitiosum, nusquam rem (præsertim controversam) definire, de qua nominatim disputes, cum disputatio debeat a definitione proficisci. Sed hoc malitiose fecit. Si enim hæreticum definivisset, nusquam Legem invenisset, quæ jubeat eum interfici: maluit ergo rem confundere, & hæreticos blasphemis, & Idololatris, & Apostatis conjungere, vt quos seorsū occidere non poterat, eos cum cæteris conjunctos necaret.

secare. Sed nobis non satisfacit hæc fraus: Ostendat Calvinus Legem, quæ jubeat hæreticos occidi: Nulla est. At de Apostatis & blasphemis est. Quid nobis cum Apostatis & blasphemis? De hæreticis quæstio est. De hæreticis legem ostende. An sunt hæretici blaspemi: Defini ergo quid sit hæreticus, idque ex sacris literis, ut intelligamus an hæreticus sit blasphemus. Quis enim tibi concedet eos, qui hodie habentur hæretici, esse blasphemos aut Impios? Quis sanus Papæ concedet Lutheranos & Zwinglianos & Calvinianos esse blaspemos, etiamsi ab eo dissentiant in Cœna? quos tamen non min° damnat, quam ipsi Papam. Quis Zwinglio concedet Anabaptistas esse blasphemos, etiamsi ab eo dissentiant in Baptismo? Quis Calvino concedet zwinglianos & Lutheranos esse blasphemos, quos tamé de Cœna damnat in libello suo? Item Lutherum & *Nota* Brentium & cæteros, qui ab eo dissentiunt in hac ipsa quæstione de persecutione? qua vix ulla gravior esse potest, quippe in qua agitur de vita hominis, propter qué Christus mortuus est. Non est idem blasphemus & errans: debent hec distingui, præsertim in causa capitis, ne ita leviter homines ob ignotū & nusquam in lege nominatum crimen occidamus. Nego vsquam in tota Lege præceptum esse de occidendis errantibus aut hæreticis: & Calvinus nobis jamdudum indignis modis illudit, dum eorum pœnam a Lege petit, & nusquam in Lege nominantur. Nunc venit ad Christum, ut ostendat sub eo manere Legem & eandem durare etiam in causis Religionis puniendi rationem

onem quæ est in lege: Quod si quis ei concederet, tamen ne sic quidem haberet legem ullam de puniendis Hæreticis. Sed quis sanus hoc ei concedet, manere sub Christo legem? Quis sibi Christum eripi patiatur, ut ad Mosē cum Calvino redeat? Sit Calvinus Mosis discipulis cū suis Iudęis: Nobis Messias jam venit Legislator noster, cuius Legi obedire volumus. Sic enim rem considerem?: Lex pędagogus fuit usque ad Christum, donec veniret promissum semen: vbi venit Christus, cessat pædagogus, adeo ut eos qui circuncidi volunt, a gratia excidisse dicat Paulus. Atque in Mosis politiam nemo admittitur sine circuncisione: Ea enim est in eam ingressus: Itaque qui sub Mose esse volunt, circuncidi debent, & totam Legem implere. Legatur diligenter epistola ad Galatas, itemque ad Hebræos; in qua ostenditur Aaronicum sacerdotium translatum esse, ad tribum Iudę, hoc est ad Christum, qui sit sacerdos secundum ordinem Melchisedech, ubi disertis verbis dicitur, quod dum transfertur sacerdotium, necesse est ut Legis quoque translatio fiat. Hic vides transferri Legem, videlicet a Mose ad Christū, ab umbris ad Lucem, a figuris ad rem ipsam, a carne ad Spiritum. Quod autem dicit Paulus Legem esse spiritualem, hoc ipsum est quod volo. Legis mens est spiritualis, sed actiones externæ carnales. Circuncisio spiritualis est, de qua Moses loquens dicit: Circuncidite cordis vestri præputium: Sed hanc Circuncisionem non intelligebat Israelitarum populus: Itaque inhęrebant carnis manufactę circuncisioni: id quod osten-

Gal. 3.
Gal. 5.
Heb. 7.
1. Cor. 3.
15.

ostendit Paulus, cum dicit eos velatum cor ha- *1.Cor.3.*
bere, dum legitur Moses, nec animadvertere
finem abolendæ Legis. Sed qui ad Christum venerunt, ijs velū sublatum est, & a Christo abo-
litum. Et habent legis spiritum, hoc est, circuncisionem cordis. Huc enim mittit homines Lex,
sed non perducit, quin manet ultra Iordanem.
Cum sit autem Lex partim Ceremonialis, partim Iudicialis (de morali in presentia non loquor) utraque pars translata est. Nam sacrificia
illa migrarunt in sacrificium Christi, & in eo fi- *Tota lex*
nem habent, sicut litera in Spiritu. Iudiciorum *translata.*
vero factam esse translationem, ostendit translatio peccatorum, quorum puniendorum gratia
constituta fuere Iudicia. Peccatum fuit operari die Sabbathi, huic peccato constituta pœna
fuit, mors corporis. Nunc Sabbatum illud cor-
porale, translatū est in spirituale, quod idē dico
de peccato: Nam qui die Sabbathi operatur,
non peccat: Qualis igitur erit pœna violati spiritualis Sabbathi? Nimirum spiritualis. Idem
dico de Circuncisione, ut quemadmodum tum
occidebantur eorum corpora, qui corpora haberent incircuncisa durante circuncisione corporum: Ita nunc eorum corda occidantur, qui
corda habebunt incircuncisa, postquam nobis
ostensa est, & carnali successit cordis circuncisio. Itaque hic nullum locum habebunt judicia
Magistratus. Vt in Lege Mosis: Non enim cor
incircuncisum possunt attingere, sicuti corpus.
Idem dico de lege illa. Prophetam de Gente *Deu.18.*
tua & de fratribus tuis (Dicit Moses) sicut
me

me, suscitabit tibi Deus tuus, ipsum audies. Qui autem verba eius audire noluerit, ego ultor existam. Atque hanc legem confirmavit Popul’, cum dixit Iosuę Prophetę: Qui contradixerit

Iosue.1. ore tuo, & non obediverit cunctis sermonibus tuis, quos praeceperis ei, moriatur. Hic video poenā corporalem. At ubi ad Christū ventū est,

Act.7. qui ver° ille Propheta est, ut ostendit Stephan°, & de quo Pater sic praecepit: Hunc audite: Poena est animorum, non corporum, si quis ei non obediverit, ut docetur in epistola ad Haebreos: Irritā quis faciens Legem Mosis, duob’

Heb.10. vel trib’, testib’ moritur quāto graviore putatis afficietur supplicio qui filiū Dei conculcaverit, & sanguinem Testamēti pollutū dixerit, in quo sanctificat° est, & spiritui gratiae contumeliā fecerit? Scim° enim qui dixit: mihi vindictā, & ego retribuā. Et iterū: Iudicabit deus populū suū. Horrendum est incidere in manus Dei viventis. Vides hic poenam incredulitatis aut defectionis a Christo non mandari magistratui, sed viventi Deo reservari. Quod si ea magistratui commissa foret, deberent Iudęi in primis secundum hanc legem puniri, quia Prophetā illum Christū eis a Deo suscitatum audire noluerunt, quos tamē Calvin° (supra) ab huius sui magistrat° gladio exclusit. Igitur quemadmodum credentibus Christo vita, non vita temporalis, sed aeterna promittitur: ita incredulos mors, non tēporalis, sed aeterna manet. Atque quomodo puniendi sint, qui in Legem Mosis peccaverint, ex ipsa lege discendū est: Ita quomodo puniendi sint. qui in Christum peccaverint, ex ipsa Christi lege discen-

discendū est, quæ sic habet: qui non crediderit, damnabitur, hoc est, pœnas Deo dabit, non hominibus. Quod igitur quærit Calvinus, quod Paulus docet, non frustra ab ipsis gladiū gestari, an id ad speciem unam restringi debeat, id totū contra Calvinum est. Si enim vult hoc intelligi de utraque specie, hoc est, de causis tum religionis, tū civilibus, oportet ut reddat nobis Calvinus omnes legis Ceremonias & sacrificia, ut qui in ea peccaverint, ij ex lege puniantur: oportet ut reddat Asyla, ut qui hominem imprudens occiderit confugiat in Asylum usque ad mortem Pontificis, ut ita novum Iudaismū habeamus. Quod si dicit ceremonias illas migrasse in alias, videlicet Circuncisionem in Babtismum, & Pascha in Coenam : primum quæram, cur cęterę ceremoniæ, qoque non migraverint in alias: an perierint, an vero in rem ipsā migraverint? Quod si in rem migraverūt, ut Aaronis pontificatus corporalis in spiritualem Christi, quæro cur non dici possit etiā Circuncisionem carnis migrasse non in Lotionem carnis sed in circoncisionem cordis, ut Babtismus & Cæna sunt novæ Ceremoniæ novi testamenti, quę tamen idem significant quę illę. Deinde quæram cur non etiam pœna mutata sit mutatis Ceremonijs? an debeant eadē pœna puniri, qui peccaverint in has ceremonias, qua puniebantur qui peccabant in illas. Si debent, oportet Calvinum puniri, qui pueros non baptiset octavo die. Item quod aliquando noluerit Coenam administrare panibus infermentatis, cum per dies Paschæ fermentum Lex interdicat. Oportet & eos qui ad Coenam domini non accedunt, aut qui indigne comedunt
occidi,

occidi, sicut occidebantur qui Pascha negligebant, aut non recte agebant. Sin dicet aliam nunc esse pœnam, videlicet spiritualem, ut qui indigne manducet, judicium sibi manducet, hoc est, pœnam spiritualem a Deo, non corporalem a Magistratu, id ipsum est quod volum', migrasse videlicet pœnam corporalem in spiritualem, quæ qualis sit, discendum est a novo Testamento, non a veteri cum illud nullam de Baptismo & Cæna Legem tradat. Ita fiet ut in causis Ceremoniarum, aut Religionis nullum locum habeat gladius corporalis, quippe qui migravit in spiritualem. Quod autē dicit Paulus, Magistratū non frustra gestare gladiū, hoc est maxime contra Calvinū. Dicit enim Paulus de omni Magistratu, ac potissimum Romano qui tum fere ubique dominabatur, qui sane legem suam non acceperat a Mose. Itaque quod solvit Christus pro se & pro Petro tributum Romanis, non ideo solvit ut obediret in eo Legi Mosis, sed potius fecit contra Legem Mosis. Nusquam enim jussit Lex Mosis, ut liberi tributum solverent : & ipse cum Liber esset non debebat. Itaque quod dicit Calvinus non esse mutatum Christi adventu politicū ordinem, id eo valet, ut maneat is ordo qui tum fuit, hoc est, ut gentiles non Iudęi sumus, non debemus a Mose Legem petere, sed ipsi nostras Leges sequi, sed duntaxat in causis civilib'. Nam quod ad Religionem attinet, ea tota petenda est a Lege Christi, alioquin reijceretur ipsemet Christus, cum gentiles Leges multos Deos admittant, & ignotos aut novos repudient. Igitur ut rem expediā, Christ' fidei Charitatisque Legem docuit, quę fuit vera mens & scopus

Rom. 13.

legis

legis Mosaicæ, propter quam mentem Mosaica Lex a Paulo spiritualis appellatur. Carnali quidem Legi, cum spiritualem attulerit, noluit subijci Gentes, quas docuit: nec enim potest caro cum spiritu congruere, cum hic vivificet, illa necet. Quod autem politicum ordinem reliquit, sic reliquit, ut agriculturam, & Medicinam, & cætera ad vitam necessaria. Et quod Paulus docet obediendum esse Magistratui, non magis de Mosaico Magistratu loquitur, quam de Gentili: Et quod Magistatus punit facinorosos, non punit quia Moses jussit sed quia Lex naturæ & æquitatis jubet, quæ fuit & ante Mosem & in cæteris nationibus quas testatur Paulus habere Legem scriptam in cordibus. Itaque qui fuerunt Magistratus vel ante Mosē, vel in alijs Rebuspub: puniebant homicidia, adulteria, cæteraqõe facinora non Lege Mosis, sed naturæ: Ita nunc, qui non sunt sub Mose puniunt eadem Lege naturæ, non Mosis. Ac quemadmodum Christianus, qui Deum amat, fide Christi amat sponte sua, non quia Moses jussit: Ita qui Magistrat⁹ Christianus facinorosos punit, amore Dei punit, nō coactus jugo Legis, In Christo neque Græcus est, neque Iudæus, neque maritus, neque uxor, neque mas neque foemina, sed nova creatura: & tamen Christiani sunt Græci, Iudæi, conjuges, mares & foeminæ: quod idem dico de Magistratu. Est Magistratus omnino, necessarius, quandiu sunt homines mali: & qui Magistratus tollunt, perinde faciunt, ac si patrifamilias virgam adimerent, vt familia eo licentius peccaret: Sed in causis Religionis non
est a-

Rom. 7.

Rom. 2.

est alius Magistratus, quam Christus &, quos Christus non ferro, sed verba armatos misit: Quæret aliquis an non liceat Magistratui lege politica Mosis uti? Ad quod ego respõdeo: Non solum licere, sed etiam longe melius esse, quam alia, sic tamen ut non ideo utatur, quia Moses jusserit, sed quia rectum sit. Exempli gratia: Iussit Moses ut cum edificabuntur Domus, tecto rum earum septo aliquo muniatur, ne quis inde delabatur. Habuit ea lex aliquam rei futuræ umbram & significationem, quę in Christo impleta est, ut jam necessaria non sit, si domum ędifices, huiusmodi loricam adhibere, non magis quam circuncidi. Tamen cum ea res ad vitam magnum usum afferat, quippe quæ ad casus vitandos valeat, si quis in ijs regionibus, ubi plana tecta sunt domorum, id faciat, rectius faciet quam secus: Neque tamen servus erit legis Mosaicæ: Sic de Magistratu dico: Si quis facinorosos sic puniat, ut Moses instituit, longe rectius faciet, quã si aliorum Leges sequatur: quippe cum lata divinitus Mosaica Lex sit omnibus modis omnium justissima: neque tamen erit Mosaicæ legi subjectus: non enim faciet, quia jussit Moses, sed quia rectũ est, semperque fuit. Sed hoc fieri velim sine superstitione, malimque semper in parte clemẽtiæ inclinare quã severitatis, ne forte nimio & inconsiderato Mosis studio peccetur in Christi clementiam. Itaque quod lex illa Talionis, oculum pro oculo, dentem pro dente, nusquam jam observatur, ne Genevæ quidem, ubi tamen Magistratus est Calvinianus, id mihi non displicet. Quod si Magistratus essem & mihi judicandum esset de a-

dul-

dultera illa, cui Christus vitam mirabili prudentia conservavit: Aut de impudica, quæ ei pedes unxit, non auderem eam damnare. Terret enim me dictum illud: Quos Deus conjunxit, homo ne separet: Quos Deus purgaverit, tu ne pollueris: Quâ Christus absolvit, homo non damnet. Idem dico de Latrone, qui in Christum in cruce credidit. Itémque de Onesimo servo, pro quo Paulus ad Philemonem scripsit: Et de Davide, qui adulterium & homicidium patravit. Multum enim interest utrum pio, ignorantia, aut negligentia lapso, & se corrigenti, aut ei, qui pius esse incipiat, venia detur, an impio. Quod autem scribit Calvinus *nullos fuisse Magistratus, quibus præciperent Apostoli, quid rectum esset*, non video quorsum pertinet? Non enim ideo præscribere non debuerunt, quia nondum erant Magistratus Christiani: qui, cum vitæ normam etiam in futurum scriberent, debuerunt ratione futuri habere, si sciebant fore aliquando Magistratus Christianos: Sicuti Moses cum leges Israelitis præscriberet, & eos Regem creare vetaret, tamen cum præsciret futurum, ut regem contra Legem, crearent, præscripsit in futurum Iura Regis. Atque hoc idem facere videtur Paulus cum scribit: Principes non sunt timori boni operis, sed mali. Vis autem non timere potestatê, bonum fac, & laudem habebis ex illa: Dei enim est minister tibi in bonum: si autem malum feceris, time. Non enim sine causa gladium portat: Dei enim minister est, vindex in ira ei qui malum agit &c. Hæc omnia verba si quis rite perpendat, deprehendet hic officium tacite præscribi Magistratui, videlicet

Rom. 13.

ut puniat externa facinora, non interna peccata Invidiam, Hypocrisim, Superbiam, quæ gladio suo attingere non potest, quamvis majora sunt quam externa, neque item Religioné. Cum enim loquitur Paulus de Magistratu, qui tum erat, si permitteret homines puniri propter Religioné, puniretur ipsemet Paulus in primis qui Religioné profitetur, a qua tum Magistrꝰ omnes, tū Iudaei, tum cęteri omnes abhorrebāt Itaque quod dicit: Vis non timere potestatem? bonum fac, perinde est ac si diceret: Loquor de eo Magistratu, qui punit maleficos, non beneficos. Nam quod ad eos Magistratus attinet, qui nos Christianos, qui bonum facimus, nec facinorosi sumus, persequuntur propter Religioné, ij Dei ministri non sunt: Cum Deus ministris suis jusserit, ut beneficos tueantur, non oppugnent. Sed ij us ministri sunt qui beneficos & pios a malorum injuria defendunt. Itaque debent facinora punire, Religionem vero tractare non debent (nihil enim aliud quam omnia perverterent) sed nobis religionis antistitibus eam relinquere sic tractandam, quomodo præcepit religionis parens Christus. Hæc Paulus docet, sed paulo obscuriꝰ propter tyrannidem
Calvinus, 126.

Fatentur isti, quibuscum nunc discepto, ad alia crimina plectenda judices divinitus esse armatos, modo a religione abstineāt (1) ut libere ipsis tacentibus lasciviat impietas.

Vaticanus.

2. Cor.
10.
(1) Imo ut armis Pauli spiritualibꝰ & divini potentibus coerceatur, quibꝰ ille captivam ducit omnem cogitationem ad obediendum Christo,
& in

& in promptu habet vindictam adversum omnem inobedientiam.

Calvinus. 127.

Verum reclamat innumeris locis Spiritus sanctus, qui sub Christi regno sanæ Doctrinæ & legittimi cultus patronos ac vindices fore Reges pronunciat. Quando David principes omnes ad osculandum filium hortatur, quid potius ab illis exigit, quam ut sanam Doctrinam suo præsidio defendant? Quum toties dicit venturos esse ut Christo tributum offerant, quid aliud intelligit, quam puræ adorationis præsides futuros, pieque doctrinæ custodes? Quomodo etiam illud Esaiæ vaticinium implebitur, ecclesiæ nutricios fore, nisi ad tuendum pietatis statum potentiam suam conferant?

Esai. 49.

Eſt Argumentum illud quoq̧, Monaſterienſium.

Vaticanus

Nihil potuit apertius dici contra Calvinum. Nam Esaias eo in loco, qui hic a Calvino citatur, sic loquitur: Cæterarum gentiū lac, regumque suges ubera. Et mox: Efficiam ut pro tui administratione sit pax & pro Magistratu Iustitia. Non jam crudelitas in tua terra, non vastitas aut calamitas in tuis finib' audietur, tuosque muros salutem, & portas Laudem appallabis. Et Cap. 63. Christus sic loquitur: Prælum calcavi solus, neque mihi quisquam ex populis adfuit, cumque nullum advitorē nullum esse adminiculatorē animadvertens mirarer, victoriam mihi proprio lacerto, mea mihi adminiculante bile, populosque ratus contudi, & bile mea inebriavi, dejecto ad terram eorū potentatu. Et Cap. 65. Lupus & Agnus simul pascentur, & Leo & Bos stramen comedent, serpentisque victus erit

I ij pulvis,

pulvis, non nocebitur, neque corrupte agetur
Mich. 4. in toto meo sancto monte. Et, 2. Cap. Cudent
ex ensibus suis vomeres, & ex spiculis falces:
Neque gentes aliæ alijs arma inferent, neque
amplius bella discent. Hęc & alia infinita scripta sunt de futuro tempore regnantis Ecclesiæ,
quod tempus hoc loco citat Calvin' contra se-
2. Cor. ipsum. Si enim erit pro Magistratu Iustitia, de-
15. jecto ad terram gentium potentatu, cunctisque
potestatibus a Christo abolitis, & ensibus in
falces conversis, quonā ense utentur Magistratus, ut veritatem tueantur, quam nemo oppugnare poterit? Atque ut intelligatur, quam lon-
Contra ge alia futura sit Christi victoria, quam Calvin'
Monaste- arbitratur, pugnabit Christus solo verbo, de
rienses. quo scriptū est: Dominus meum os simile red-
Esa. 49. didit acuti gladij. Item: Dominus mihi linguam dedit eruditam. Huic acuto igneoque verbo tantum aberit ut patrocinentur Principes,
ut ei sese opponant gentes omnes, & vincantur,
atque ita subactæ reddantur scabellum pedum
Christi, & ei, eiusque ecclesiæ serviant deinceps
in omnia sęcula, ut quod regnum, & quæ gens
Dan. 2. 7. ei non servierit, evertatur. De hac victoria sic
scriptum est: Exultabunt pij gloriose, in suis o-
Esa. 60. vantes cubilibus. Dei prædicationem in guttu-
Psal. 149 re, & gladium in manu habentes ancipitem, ad
sumendum de gentibus supplicium, ad capiendas de populis pœnas, ad eorū Reges cathenis,
ad Nobiles vinculis constringendos ferreis, ad
exercendum præscriptum in eos judiciū, quod
sit pijs ornamento. Hic vides futurum esse, ut
reges non ferro Ecclesiam defendant, sed oppugnent, & ab ea verbo & spiritu oris Domini
sic

sic vincantur. Vt ei ad pedes accedant, & eius pedum vestigia lambant. Itaque quod scriptum est, fore Reges nutricios ecclesiæ, sic accipiendum est, eos qui antea regnaverant, fore servos, ut Ecclesiam non ferro, sed servitio suo fovere cogantur. Vertetur enim rerum status, & qui regnaverunt, servient eis in quos regnaverint, & qui captivi fuerunt, imperabunt eis quibus servierint. Deponet enim potentes de sede, & exaltabit humiles. Esurientes implebit bonis, & Divites dimittet inanes. Tum habebimus urbem potentem, cui pro muris & propugnaculo salus erit, cū Dominus terram percusserit virga oris sui, quod erit Christi sceptrū, illud ferreum, O vos qui Domini memoratis, properate tempus hoc; nolite vel nobiscum ipsis, vel ei intermissionem dare, quum componat reddatque Hierosolimam in terris laudabilem. Calvinus (ne quis forte decipiatur) tantum abest ut tempus hoc jam esse putet (quamvis suos Magistratus ferro illo, ecclesiæ suæ nutricio, jam armet, tanquam illa tempora jam venerint) ut ne futurum quidem arbitretur in hac vita. Nam ut supra ex eius Institutionibus ostendimus, Ecclesiā fovet in qua plurimi sunt hypocritæ & impij. Et in Commentarijs suis in Esaiam, de hoc ipso tempore regnantis ecclesiæ, de quo loquimur, scribens, dicit, valde ineptire eos, qui hæc futura putent in hac vita: Nihil enim hic habere nos eius fœlicitatis, nisi gustum. Et in Epistola in Catechismum suum sic scribit: Nisi mirabiliter Deus e cœlo succurrerit, videre mihi videor extremam barbariem. Atque utinam non (paulo post)

Luc. 1. 52.

Esa. 26.

,, post) sentiant filij nostri fuisse hoc verbum po-
,, tius vaticinium, quam conjecturam. Quo ma-
,, gis elaborandum nobis est, ut qualescunque ec-
,, clesiæ reliquias (quæ post mortem nostram res-
,, tabunt, vel etiam emergent) scriptis nostris col-
,, ligamus. Cum igitur expectes extremam barbariem, non hic reges ideo ad ecclesiæ defensio-
nem & nutritionem armat, quod eos tales futuros speret, sed armat seipsum eorum præsidio (sine quo videt verbum suum esse iners atque invalidum) quo possit ferro (quia verbo non potest) adversarios suos opprimere.

Calvinus. 128.

1. Timo. 3.3.

Accedat jam Pauli suffragium, quo scrupulus omnis eximitur. Solennes in Ecclesia preces concipi jubet pro Regibus & omnibus qui honore & potentia excellunt: Quorsum? Vt quietam, inquit, & tranquillam vitam agamus. An hoc duntaxat? Imo cum omni pietate & temperantia. Si tantu modestiæ vel temperantiæ facta esset mentio, aliquid forte coloris prætenderent, qui à Principibus religionis causam attingi nolunt: Sed cum hoc illis mun' assignet Paulus, ut Deū rite colendū procurent, quantæ obsecro temeritatis est, injuncta divinitus potestate illos exuere? Duo hic observare operæprætium est. Neque enim privatos homines instituit Paulus, ut se Deo addicant, sed de publica principum functione disserit, quatenus in solio locati sunt & gladio instructi ad regendum humanum genus: Illorum munus non solum in tuendo cuiusque jura constituit, sed ad fovendam pietatem ordinatos esse docet.

Vaticanus.

Vaticanus

Superiore pagina dixerat Caluinus, nullos fuisse Magistratus, quibus preciperent Apostoli quid rectum esset: nunc contradicit a Paulo eorum functionem describi, ac diuidi in duas partes: id quod verum non est. Sic enim scribit Paulus: Exhortor ergo primum omnium ut *1.Tim.2.* fiant supplicationes, preces, interpellationes, gratiarum actiones pro cunctis hominibus, pro Regibus, & omnibus potestate pollentibus, ut tranquillam quietamque vitam agamus, cum omni pietate & gravitate. Ostendit deinde quorsum hæc dicat: Hoc enim honestum est (inquit) nostro Servatori acceptum, qui vult omnes homines servari & ad veri cognitionem venire: quasi hoc dicat: Orandus Deus est pro cunctis hominibus, ut eis mentem aperiat, quo veniant ad cognitionem veritatis: Quod si fieret, serviremus Deo tranquille: quod cum reges fieri impediant (persequuntur enim illi ipsi nos propter Religionem, atque ita tranquillitatem impediunt) orandus Deus est ut eis quoque mentem aperiat, (quandoquidem vult eos quoque sicut & cæteros omnes salvos fieri) non ut Religionem ferro tueantur, sed ut Religionem ferro oppugnare desinant. Cum enim soli Magistratus & Principes pios persequantur (ad Reges enim atque Principes ducemini *Mat. 10. 18.* propter nomen meum, inquit Christus) Si illi persequi desierint, agemus tranquillam vitam cum omni pietate. Nemo enim tranquillitatem nostram interpellabit propter facinora, si nulla commitamus. Ipsa se autem pietas facile tuebitur, si a corporibus nostris abstinebitur. Nõ igitur hic postulat Paulus, ut principes sanam doctrinam armis tueantur (contra quos enim tuerentur, nisi contra semetipsos, cum soli eam armis oppugnarent) sed ut accipiant, & oppugnare desinant. Quod si fiat, sequetur tranquillitas. Perinde ac si Mercatores optent ut Latrones fiant boni, quo possint Mercatores tranquille iter facere, non ut Latrones eis tranquillitatem præstent, sed ut eam impedire desinant. Nam certe Pauli tempore Latrones erant & Lupi principes adversus Christianos, id quod Christus judicaverat, cum diceret: Ego mitto vos sicut oves in medio Luporum: Et Paulus cum dicit, se liberatum ab ore Leonis.

Elegantissima similitudo.

Mat. 10.
5.
2 Tim. 4.
17.

Calvinus. 129.

Vnde sequetur, gladium in eorum manu esse depositum, quo sanam Doctrinam propugnet: quod præstare nequeunt, nisi impias corruptelas pœnis cohibere liceat. Desinant ergo indocti homines & parum consideratii negare de veræ Doctrinæ corruptoribus sumendas esse pœnas, nisi palam Deo obstrepere velint.

Vaticanus.

Sanam Doctrinam vocat Paulus eam, quę reddit homines sanos, hoc est, Charitate & Fide non ficta, bonaque conscientia præditos: Insanam autem, quæ reddit curiosos, contentiosos, contumaces, impios, irreligiosos, prophanos, parricidas &c. & si quid aliud sanæ doctrinæ contrarium est. Verum isti lege alia spectant. Habent enim pro sanis eos, qui cum ipsis sentiunt de Baptismo, de Cœna, de Predestinatione &c. Tales homines, licet sint avari, invidi, obtrectatores, simulatores, mendaces, scurræ, scortatores

1. Tim.
1. 10.

cores, & si quid aliud sanę doctrinę adversatur, facile feruntur, nec ullus propter hominum vitia occiditur, nisi quis homicidium, aut furtum aut aliquod huiusmodi facinus atrox patraverit, aut concionatores offenderit: nam hoc apud eos perinde est, ac peccatum in Spiritum sanctum, sicuti jam vulgo alicubi proverbio dici solet. Sin aliquis de Baptismo, aut Coena aut Iustificatione, Fide &c. ab eis dissentit is est Haereticus, is Diabolus, is omnibus terra marique adversandus, tanquam Ecclesiae hostis aeternus & sanae doctrinae eversor nepharius, etiamsi alioqui vita sit incorrupta, adeo clemens, patiens, benignus, misericors, liberalis, adeoque religiosus & Dei metuens, ut in ejus moribus nihil habeant vel amici, vel inimici, quod reprehendere valeant: Hae omnes virtutes, & vitae innocentia (quam Paulus in seipso commendare non dedignatur) hominem tueri apud istos non possunt, si in aliquo religionis capite ab eis dissentiat, quin pro impio & blasphemo habeatur. Ostendunt hęc preter illud de Tornatore exemplum, quod supra citavimus, etiam alia multa. Nam apud Tigurinos multi inculpate alioquin vitę homines, tantum propter opinione de Baptismo occisi sunt authore Zwinglio, inter quos duo Tigurini fuerunt, pater & filius, quos ita pios fuisse, ut haud facile alij tales in ea ecclesia reperiri possent, testantur qui noverunt, etiam amici Zwinglij. Rursum aliqui cum antea inculpate vixissent, postquam recantare coacti sunt, deinceps ita scelerate vixerunt, ut nemo eos flagitijs ęquaret. & tamen propter hanc flagitiosam vitam, nul-

Nota.

Act. 26

Nota.

jam a quoquam persecutionem passi sunt. Hęc persequendæ hominum religionis infamia videtur jam tempore Danielis graſſata fuiſſe. cū enim ejus vitam & mores carpere ejus invidi non poſſet, ſtatuerunt ejus religionem cavillari. Sic iſti quorum vitam culpare nequeunt, eorum religionem invadunt: Et in eo ſane prudenter & malitioſe faciunt: cum enim moribꝰ ipſi non excellant, ad Doctrinam veniunt, de qua cum Magiſtratus judicare non poſſit, ſicuti de moribus, ei facilius imponunt, atque ita ſuam illam ſanam Doctrinam venditantes inopes opprimunt. At Chriſtꝰ contra iſtorum doctrinam repudiabit in die Iudicij, & mores requiret: cum enim ei dicent: Edimus tecum & bibimus, & in vicis noſtris docuiſti, reſpondebit eis: Neſcio unde ſitis, diſcedite a me omnes malefici. Hic vides fruſtra oſtentari doctrinam, niſi adſint mores Doctrinę congruentes, etiamſi Chriſtus ipſe in noſtris plateis docuerit: & tamen nihil jactamus quam verbum & Sacramenta. O cœca cœcorum cœcitas? O inſanabiliſſima & cruentiſſima hypocriſis? Quādo tandem detecta eris, ut deſinant deinceps Magiſtratus arbitratu tuo fundere ſanguinem eorum, quos ignorant?

Dan. 5. 6.

Luc. 13.

Hactenus undique collegit Calvinus omnia, quæ potuit ad fundendum ſanguinem Hæreticorum, nec tamen ullum ſacrum authorem potuit invenire, qui juberet Hæreticos occidi. Itaque quo meliꝰ decipere Lectores poſſet, nuſquam definivit, quid ſit Hæreticus. Sed, de hæreticis diſputaturum ſe pollicitus, multa dixit de falſis prophetis, de alieni Dei cultoribus, de impijs

Deu. 4. 12. 32.

impijs & blasphemis, tandemque conclusit, quia illi sint interficiendi, atque etiam Hæreticos esse interficiendos. Bella sane conclusio, ut si quis, cum ostenderit incendiarios, & Latrones, & homicidas interfici debere, inferat, ergo etiam ebriosos esse interficiendos, nec tamen legem ullam proferat, quę jubeat ebriosos interfici, sed tantū sophisticis rationibus ostendere conetur, ebriosos non minus nocere quam illos, itaque ergo dignos esse qui occidantur. Siccine vero fallacibus, & fucatis inductionibus ducti homines statim interficiemus? Nonne Iudicibᵒ pręcipitur, ut legem habeant oculis suis prepositam? Cedo Legem de hæreticis interficiendis: Nulla est. At est de falsis Prophetis: Quid mihi cum falsis Prophetis? Tu Hæreticum accusas (dicet bonus Iudex) profer Legem quę jubeat Hęreticum occidi. At sunt Hęretici falsæ Prophetæ: Ostende hoc: Tibi non credo: Non enim jubent alienum Deum coli: Neque quicquam futurum prędicunt. At sunt blasphemi. Ostende & hoc: Ostende idem esse blasphemum & hęreticum: an Deus non poterat hęreticos appellare, si eos volebat occidi? Adeone fuit obliviosus, ut tot seculis, tam multis libris nusqnam verbum fecerit de hęreticis occidendis? Et nunc Calvinus ultimis temporibᵒ nobis novam Legem scribit, cum tamen scriptum sit, Legi Dei nihil nec addendum esse, nec demendum. Enimvero ostendamus ipsi quid Calvinus putet hęreticum, ut perspici possit quonam sit ventura res, si Principes secuti fuerint ejus concilium. Cum de re vulgo nota scribimus, eam definire non solemus; In quo quidem judicamus sic nos ça de resentire ut vulgº Itaque si scribas Interfici debere Latrones, omnes populi qui volent sequi legem tuam, interficient eos, quos certo habent ipsi pro Latronibº. Sic cum scribit Calvinus occidendos esse hęreticos, omnes populi, qui ei obtęperare volent, occident eos, quos certo habent pro hęreticis. Itaque fiet ut Papistę Lutheranos & Zwinglianos & Anabaptistas interficiant: Et Lutherani, Papistas & Anabaptistas & Zwinglianos : Itemque cęteri omnes: neque enim dubitat ulla sectarum, quin ipsa recte sentiat, cęterę sint hęreticę. Ité conspirabunt inter sese homines, authore Calvino more Madianitarum, & adeo alij alijs non parcent, ut dextra lęvaque rapiant, quod comedát, & famentes nec dum saturati sui ipsorum brachij carnem vorent, & Manassensibus cum Ephramitis, & Ephramitis cum Manassensibus contra Iudęos conspirantibº, ne sic quidem sedata ira Domini, quin habeat adhuc porrectá manum.

Esai. 9.

Scribit enim Calvinus in suis Instit. Cap. 8. sect: 26. De Hęreticis his verbis : Hęretici &
" schismatici vocantur, qui dissidio facto ecclesię
" communionem dirimunt: Hęc porro duobus
" vinculis continetur, sanę Doctrinę consensio-
" ne & fraterna Charitate : Vnde inter Hęreti-
" cos & scismaticos hoc discrimen ponit Augus-
" tinus, quod illi, quidem falsis dogmatibus fidei
" sinceritatem corrumpunt: Hi autem interdum
" etiam in fidei similitudine societatis vinculum
" disrumpunt. Habet Calvinus pro Ecclesijs suam & helveticas, & Argentinensem, & Saxonicas, hoc est, Lutheranas. Ab his Ecclesijs
qui

qui vero dissident, illi ipsi Hæretici sunt atque fidei sinceritatem corrumpunt Authore ipso Calvino. Oportet autem jam eas duobus vinculis contineri, videlicet sanæ Doctrinæ consensione & fraterna charitate. Iam cum sint inter eas, quos Calvinus amplectitur Ecclesias, maxima tum Doctrinæ, cum animorum dissensio (id quod facillime ostendi potest) & habendi sint pro Hæreticis ex sententia Calvini, qui hæc duo vincula rumpunt, nihil superest nisi ut Calviniani alios, & alij Calvinianos invadant, & alij alios pro hereticis habentes corrodant, Donec alij alios confecerint. Ac si volent homines Calvini consilium sequi, nulla erit secta, quæ non alias omnes damnet & persequatur (nulla enim secta est, quæ judicio suo non est optima) ut ita Ammonitæ & Moabitæ & Esaini mutuis vulneribus cadant, Deinde superveniant veri Iudæi, qui sine sudore & sanguine spolia legant. Iam postquam Calvini dicta refutavimus, superest ut, quod non fecit ille, ostendamus quinam vere sint heretici, & quonam modo tractandi.

Quid sit hæreticus, & quonam
modo tractandus

Sæpe fit ut alienæ linguæ vocabula non intellecta errores magnos atque periculosos afferant: videmus hoc in nomine ecclesiæ, quod vocabulum cum coetum aut concionem significet sic tamen degeneravit, ut vernaculis linguis significet templum. Idem dico de Idolo, quod simulachrum est; & tamen in eo sic erratur, ut qui simulachra habent, putent se Idolis carere
Quod

Quod si res sua cuiusquam gentis lingua diceretur, non haberet locum hic error. Sic accidit in nomine hæretici, quod græcum est, Et cum apud ignaros grecę linguę nominatur, putant hæreticum eundum esse quem blasphemũ aut magum, aut atheum, aut alieni Dei cultorẽ, aut eius generis monstrum aliquod ita horrendum, ut facilius Latronibus & proditoribus & parricidis veniam dent; quam ei, qui dicatur hęreticus. Hunc vulgi errorem intelligentes isti homines incendiarij, si quem a se dissidentem opprimere volunt, appellant hęreticũ, cuius nominis invidiam ne Christus quidem posset effugere. Quod si pro hęretico nominarent pertinacem, discuteretur hęc erroris nebula, possentque Iudices longe justius de pertinaci Iudicare, quam de hæretico, hoc est, de noto crimine, quam de ignoto. Nos igitur vocabulũ sic explicabimus. Hæresis græcum vocabulum est, quod sectam, sive opinionem declarat (.1.) Sunt autem sectæ aliæ laudabiles, ut Acto 24 & 28. Dicitur secta Nazarœorum, hoc est, Christianorum (.2.) Aliæ prorsus impiæ, de quibus sic scripsit Petrus: Fuerunt autem & falsi vates in populo, ut etiam in vobis erunt falsi Magistri, qui perniciosas sectas introducent, vindicemque suum herum negantes, celerem sibi perniciem conciliabunt, eorunque perniciem multi subsequentur, per quos verbi institutio male audiet: quique vos per avaritiam fictitijs verbis nundinabuntur. 3. Aliæ sectæ sunt mediæ, quæ per se impiæ dici non possunt, videlicet eorum qui Religionem retinent, atque credunt sacrosancis Literis,

Definitio Hæresis.

Sectarũ tria genera. ij. Pet.2.

sed

sed eas perperam intelligunt, cujusmodi erant Schribæ, Pharisæi, Saducæi & Essæi, huiusmodi vitiosis sectis qui pertinacius adhærent, neque se ad saniora revocari patiuntur, cum tamen vere & rite moneantur, hi Græce hæretici, Latine pertinaces appellantur. Vere monendos ideo dico, quod non est habendus pro hæretico, si quis falso monetur, hoc est, si ad falsam opinionem, non ad veram vocetur: Vt si Saducæus Pharisæum monuisset, ut ab opinione quam habebat de Resurrectione desisteret: male haberet Pharisæum pro hæretico, & se pro constanti: Essetque potius Saducæus pertinax. Item rite monendos dico, quod si Pharisæi, qui erant avari aliquem monuissent, ut ab avaritia desisteret (nam & in moribus cernitur pertinacia) & is tamen non destitisset, non fuisset subito pertinax & pervisibus (tametsi deberet desistere) sed id potius Pharisæorum vitio tribuendum, qui, quoniam avari essent, mortuis & invalidis admonitionibus uterentur. Neque enim habet vires oratio, quæ tantum a Labris, non corde, proficiscitur, qualis est histrionum. Sed si quis avarus a Christo monitus, tamen perstitisset in avaritia, is vere pertinax fuisset.

Iam veniamus ad nostrum seculum. Sunt & hodie tria sectarum genera, videlicet, pium & impium, & medium. Pij sunt qui in hoc seculo sancte & juste & pie vivunt, expectantes adventum beati domini Dei, quem in spiritu & veritate colunt. Impij sunt Dei contemptores & blasphematores, omnis religionis

gionis inimici & derisores, qui sacris Literis non magis, ne dicam minus, credunt quam prophanis, homines avari, Libidinosi & voluptatū sectatores maximi. Horum magna pars est Apostatarum, qui principio crediderunt Evangelio: Deinde cum non perseverarent, facti sunt Athei, acciditque eis quod dixit Christus, Redijt in eos malus spiritus assumptis alijs septem deterioribº: Atque ta facta est illorum hominum conditio posterior priore deterior. De his vaticinatus est Petrus in eo quem supra dixi loco. Medij sunt, qui Deum reverentur illi quidem, creduntque sacris literis, sed eas non intelligunt. Ac de Impijs & Atheis facile judicare possunt, quippe qui seipsos non solum morum, sed etiam verborum impuritate produnt, & pietatem sibi ne verbis quidem vendicent, Sed de veris Christianis deiq́ue filijs, quinam sint, magna controversia est: Propterea quod de multis sectis nulla est, quæ non hoc sibi vendicet. Si in controversiam veniret de multis medicis, ecquis esset optimus, & populº de eorum doctrina judicare non posset, igitur quod ōnes probabiliter differerent, & Hypocratem, & Galenum citarent, non posset populus rectiº de eis judicare, quam si omissis eorum rationibus, ex fructu judicaret, hoc est, ei palmam tribueret, qui plurimos & gravissimos morbos curasset. Sic de animorū medicina cum agitur, nec possit vulgus hominem judicare de Magistrorum disputationibus, optimum & expeditissimum esset ex fructu judicare, hoc est, eos optimos putare, qui animorū morbos, hoc est, vitia optime sanant, & plurimos reddunt ex ebriosis sobrios

Ratio judicandi de doctrinis.

brios, ex intemperantibus continentes, ex avaris, liberales, patientes ex impatientibus, cle-
mentes ex crudelibus, ex Libidinosis Castos.
Hanc rationem Iudicandi tradidit Paul⁹: Manifesta sunt, inquit, opera carnis, videlicet, A- *Gal. 5.*
dulterium, stuprum, impuritas, salacitas, De as-
trorum cult⁹, veneficium, inimicitię, Lis, emu-
lationes, Iracundię, contentiones, seditiones,
sectę, Invidię, homicidia, ebrietas, commessa-
tiones, & his similia; At spirit⁹ fructus est charitas, gaudium, pax, clementia, benignitas, bo-
nitas, fides, Lenitas, continentia. Ex his fructib⁹
judicari facile potest, quęnam secta sit optima,
scilicet eorum qui Christo credunt, & obediut,
ejusque vitam imitantur, sive ij Papistę appellantur, sive Lutherani, sive Zwingliani, sive A-
nabaptistę, sive alio quopiam nomine. Neque
enim in nomine sita est, sed in re veritas. Tales
qui sunt, & quibus non satis est dicere Domine *Mat. 7.*
domine, sed insuper ejus voluntati parent, ij
vere pij, Deique filij sunt, possuntque de Hereticis, & de alijs judicare: At si qui ejusmodi
hominum admonitionibus non obtemperant,
hos hęreticos & pertinaces merito possis appellare: Quemadmodum si quis morbus a bono medico, qui alios multos curaverit, curari
non possit, hic morbus pertinax rite dici possit. At si quis morb⁹ a malo medico curari non
potuit, hunc morbum non continuo insanabilem dixeris, fortassis enim sanari posset, si bonus esset Medicus. Sic in moribus, si quis malus ab homine malo corrigi non potuit, non
protinus putandus est pertinax, fortassis enim
corrigi posset, si bonum Magistrum nancisce-
K   retur

retur. Quemadmodum aliquando contigit homine una hora ab homine pio corrigi, qui multis annis a sui similibus corrigi non potuit. Sic hodie omissis moribus & vitæ sanctimonia, solent homines judicare de Doctrina, & eos occidere, qui ab ipsis aliqua in re dissident, etiamsi sint alioquin moribus integris, id quod contra fieri decebat. Nam etiamsi aliquis peccasset, deberet ei tamen venia dari, si reliqua eius vita esset innocens, quemadmodum dixit Iehu Iosaphato. Equidem istius facti poenas dares Domino, inquit, nisi inte extitissent quædam laudabilia, quod Lucos ex hac Regione exterminasti, & animum tuum ad Dei studium applicuisti. Igitur quia non ex moribus, sed ex Doctrina judicari occidique volunt homines, & quænam sit optima sectarum nondum judicatum est, nec ante Iudicis adventum judicari potest, Quæritur interea quid faciendum sit pertinacibus? Hic si consulas ut interficiantur, interficientur omnium sectarum homines apud eos qui sectæ sunt alterius.

2. Par.
19.

Ita fiet ut Calviniani in Gallia, atque Papistæ Genevæ, occidantur, & Lutherani a Swinglianis, & a Lutheranis Swingliani, & ab omnibus Anabaptistæ, & omnes ab Anabaptistis necentur, nec ullus occisionum fiet modus, donec omnes mutuis vulneribus conciderimus. Hac occidendi rabie qui putat ædificari Ecclesiam, is ex Christo facit Sathanam. Sic enim sanguine, non charitate solet ædificari Sathanæ ecclesia. Rursus si jubeas Hæreticos impune dimitti, orietur cogitatio de impijs illis & atheis ac blasphemis, an non sint puniendi. Itaque rem ego

ego distinguendum arbitror, & impios illos ab
ijs discernendos, qui errant. Ac quoniam Calvinus de Hereticis disputans omnia confundit,
& modo blasphemos, modo alienorum Deorum cultores, modo falsos prophetas in[...]ando, Hereticos horum nominum invidia g[...]
vit? Ostend[...]os qui Hæretici habent[...] non
esse tales. Imp[...] illos & sacrarum literarum
contemptor[...] [bl]asphemos Hæreticorum nomine non co[mpreh]endo, sed ut impios tractandos judico [...] Deum neg[ant], si blasphemant, si palam de[...] Christianorum Doctrina maledicunt, sancta[...] vitam detestantur, eos ego relinquo Magistratibus puniendos, non propter Religionem, quam nullam habent, sed propter Irreligionem. Quod si quis
Magistratus eos in vinculis teneret, [si] forte se
corrigerent (quoniam immensa e[st] Dei misericordia) is mihi Magistratus non alienus esse videretur a Christiana clementia.

Verum cum de hereticis agitur, De eis ex vulgi opinione judicatur, videndum est quinam
hodie habeantur pro Hæreticis. Hæretici habentur Papistæ, Valdenses, Lutherani, Swingliani, Anabaptistæ, Zwencfeldiani, & si qui
sunt huius generis. Harum ego sectarum dico nullam esse quæ debeat per se impia vocari,
etiamsi omnes errent: Credunt enim omnes
in eundum Deum, & in eundem Dominum &
servatorē Christum. Scio equidem quam multis, quam prodigosis erroribus Papa mundum
repleverit, ut ab eo merito defecerint sectæ
illæ, quas modo dixi: Scio & quam in cæteris

Quinam hodie habetur pro Hæreticis.

ris etiamnum restent errores, quos Lux maior possit discutere: quamquam multi in eis sint magistri nihilo meliores quam Papa. Sed ego de ijs loquor, qui sunt in sua secta religiosi. Sui ne bonum Papistam, hoc est, Dei metuentē, qui peierare, qui occidere, qui adulterare aut falsū testimonium dicere metuat, aut alteri facere, quod ipsi fieri nolit: Dico hunc nulla ratione debere impium vocari, aut interfici: & tamen simulachra colit, quid tum? Errore colit, non malitia, ut & nos omnes coluimus. Quod si verba Legis urgeas, debuimus omnes interfici. Sed non ita est: vult enim Deus pro sua misericordia errantes doceri, non occidi. Dices: Sed perseverat in errore suo: quid tum? & Apostoli dæmoniacum quendam sanare non potuerunt, adeo pertinax erat ille Dæmon: an ideo occidere debuerunt, quia sanare nequiverunt? an non potius incredulitatem suam accusare, quæ in culpa erat, ut ipsis Dominus exprobrat? quia non nisi jejunijs & precibus eijci poterat illud genus spirituum. Quid si nos non satis fidei, sicut & Apostoli, habemus, aut non satis a peccatis jejunamus, aut precib' operam damus? An debemus interficere, quos propter incredulitatem, culpamque nostram sanare non possumus? O væ nobis si facimus. Est ne tanta fides, integritasque, & continentia nostra, ut nos Apostolis anteferre audeamus? Cur non accusamus incredulitatem nostram, quæ in causa est, ut errorem spiritus ex eo eijcere nequeamus? Ac quod de Papistis dico, idem etiam de alijs intelligi volo. Si enim Papistæ, qui tam graviter & in tam

multis

Mat. 9. 1

multis errant, tamen propter errores illos occidendi non sunt, quanto minus alij, qui ab illorum erroribus magna ex parte discesserunt? Itaque non debet Lutherus neque Zwinglium, aut Calvinum (si tamen sentit cum Zwinglio Calvinus) interficere, quamvis eum in Cœna pro heretico, vel potius pro Diabolo & reprobo habeat. Neque Zwinglius Lutherum, quamvis eum etiam maledicum & blasphemum judicet: Neque Calvinus Melanthonem, quamvis ab ipso in Predestinatione dissentientem: Neque isti omnes Osiandrum, licet ab ipsis in Iustificatione discrepantem. Denique non debent ij qui unum Deum, unumque Dominum confitentur alij alios damnare, nedum occidere. Alioquin, quisquis hoc faciet, is nulla arte effugiet, quin dicatur esse malus ille servus, qui tardanti reverti Domino conservos suos verberat.

Mat. 24. 48.

Atque ut hanc de persecutione Disputationem tandem absolvam, exponam hoc ipsum, quod modo attigi, de hac ultimorum temporum persecutione oraculum, ex quo tota res (si quis oculos aperire volet) perspici poterit.

Sic igitur loquitur Dominus: Quod si quis est fidelis servus atque prudens, quem herus præfecerit suæ familiæ, ut ei alimoniam suo tempore prebeat, beatus est ille servus, dixit Christ quem cum venerit ejus herus offenderit officio fungentem, profecto, inquam vobis, eum suis omnibus præponet facultatibus. Loquitur de bono pastore, qui oves Doctrina pascit, non interficit. Quod si malus ille servus cum suo animo cogitans herum suum diu adven-

Mat. 24.

adventum suum differre, cœperit pulsare conservos, epularique & potare cum vinolentis, veniet illius servi Dominus inexpectato ei die, ignotaque hora, & eum dissecabit atque ad Hypocritarum, hoc est simulatorum conditionem rediget, ubi ploratus erit stridorque dentium. Loquitur de malo pastore, qui oves occidit, non pascit. Et quod de dilatione adventus heri dicit, ostendit se loqui de ultimo tempore, cum jam diu adventum differre videbitur Christus. Nam antiqui illi Augustinus, Hieronymus, Hilarius, & cæteri, conservos suos non ita persequebantur: Metuebant enim adventum Domini: Sed hi ultimi servi perditi sic se gerunt, quasi venturus non sit. Item quod dicit, cœpit pulsare conservos, indicat se non loqui de persecutione eorum, qui non sunt conservi nostri, hoc est, qui Christum Dominum non agnoscunt, cujusmodi sunt Turcæ & Iudæi, nam illi nos propter Christum non persequuntur, neque nos vicissim eos. Sed loquitur de ijs qui persequuntur eos, qui eundem Dominum Christum agnoscunt, cuiusmodi sunt omnes sectæ quas supra commemoravi, exceptis illis impijs, qui Christum non agnoscunt, ideoque persecutionem non patiuntur. Et quod dicit. *Cœpit*, significat fore hanc persecutionem, non qualis fuit illa gentilium qui persecutionem non tantum inchoarunt, sed absolverunt, nec in ea impediti fuerunt: Hæc persecutio non durabit ad finem libidinis mali conservi, opprimetur enim repentino adventu Domini. Et ~~quod dicit. *Epulari & potare cum vinolentis.*~~

Loqui-

Loquitur de potentibus & abundantibus, qui rebus secundis ebrij luxuriant & lasciviunt in conservos, id quod antea non faciebant, cum nondum abundarent. Nam Zwinglius & Calvinus & cæteri persecutores, antequam vires nacti sunt humiliter sese & modeste gerebant, & persecutores damnabant. Nunc saginati & vires adepti & opibus elati, lasciviunt, & infirmos conservos suos pulsant, quemadmodum prædixit olim Deus his verbis: Ego ipse inter *Eze. 34.* obæsum pecus & macilentum dijudicabo, quoniam vos lateribus humerisque detruditis, cornibusque vestris arietatis infirmissimas quasque, eousque ut eas foras sparsim quatiatis. Itaque ego meas oves conservabo, ne sint amplius prædæ, & pecus a pecore dijudicabo, eisque pastorem unum suscitabo, qui eas pascat, meum Davidem, qui eas pascet, eisque pastor erit.

Item quod dicit Christus ipse: *Veniet illius servi Dominus inexpectato ei die, ignotaque hora*: significat securitatem, quæ tum erit, qualis fuit tempore Noë, quam securitatem affert tum hominum indurata improbitas, tum huic congrua hypocritarum blanda doctrina. Et quod dicit: *Eam ad hypocritarum conditionem rediget*: Ostendit huius persecutionis authores fore hypocritas, hoc est, fictos homines, qui volunt meliores videri, quam sint, ideoque famam suam omni ratione tueantur, & eos maxime insectentur, a quibus deteguntur. Nihil enim est hypocritis magis sanguinarium, ut ego ipsius Calvini verbis utar. Itaque omnes quicunque nominis

Christiani homines alijs, qui eundem Dnum Christū agnoscunt, persecutionem propter religionem inferunt. ij sine dubio sunt servus ille malus, qui conservos suos verberat. Perpende Lector totam rem, aperi oculos, & ama veritatem, invenies ita esse.

Hactenus ad ea, quæ de persecutione scripsit Calvinus, nunc ad ipsum iam Calvinum veniamus, qui omissa illa generali persecutione ad Servetum se confert, ut videamꝰ cuiusmodi sit hic ferreus Christi miles, & eius factum hoc examinemus, ne simplices ab hoc homine duplici decipiantur. Primum depellit a se crimen quo accusatur, quasi eius opera factum fuerit ut Viennæ, in provincia Lugdunensi captus fuerit Servetus, negatque credibile esse, sibi tantam esse cum Papistis familiaritatem aut gratiam? Quasi vero nesciamus missum postea fuisse Genevensem nuncium Viennam ad petendam sententiam ibi contra Servetum latam: aut quasi magna fuerit opus gratia ad efficiendum ut caperetur, a Papistis Servetus, qui contra Papam tam acriter scripserat, eumque in ipso libro, qui Viennæ tum imprimebatur Antichristum esse pluribus rationibus demonstrat: aut quasi non facile possit inter Pilatum & Herodem coire amicitia adversus aliquem, qui vtrique sit adversarius. Enimvero Calvinus hoc crimen sic negat, ut propemodum fateatur. Sic enim scribit.

Calvinus. 130.
Nec vero, si vere id mihi objicerent, putarem esse negandi causam, qui non dissimulo me authore

chore factum esse ut in hac urbe deprehensus, ad causam dicendam postularetur.

Vaticanus.

Quasi hoc dicat: Si curassem eum Viennæ capiendum, recte fecissem, cum id Genevæ fecerim, & recte fecerim. Ergo si poterat efficere ut Genevæ caperetur, debuit id facere, cum id rectum esse fateatur: poterat autem facillime: nihil enim facilius est, quam efficere vel levissimo indicio ut capiatur in Gallia, qui aliquid, nedum tam atrocia dixerit, nedum scripserit in Papam. Itaque non jam dubito, quin Calvinus id fecerit. Et insuper quod commemorat: vel scripserit vel scribendum curaverit; si negabit Servetus, habemus eius manu scripta quædam, que ostendentur, si voletis: Hęc scribebantur Lugdunum à Geneva ad Papistas: Iam vero perpendatur qualis sit hæc confessio Calvini. Si effecissem, inquit ut caperetur in Gallia Servetus, recte fecissem, cum Genevæ fecerim. Atqui si recte fecisset Calvinus, recte fecissent etiam Papistæ, qui Servetum cœpissent & occidissent judicio Calvini. Ergo Papistis etiam sicut Genevensibus, licet hæreticos occidere. Atqui supra dixit Calvinus hoc non nisi pio magistratui licere: Ergo Papisticus magistratus pius est, potestque de religionis causis non minus judicare quam Genevensis. Quod si pius est, & hoc ei licet, potest judicio suo, hoc pio, interficere eos, quos judicat hæreticos, potest ergo & Calvinum ipsum & Calvinianos omnes occidere, quoniam eos habet pro hæreticis. Quod si dicet
Calvinus

Calvinus, hoc illis licuisse in Serveto, sed in aliis non licere: quis admittet hanc exceptionem? sic enim dicent illi: Nos Servetum, non ut Servetum, sed ut hæreticum interficimus, atque hinc colligimus ex tua, Calvine, Doctrina, licere nobis interficere eos, quos Serveto similes, hoc est, hereticos judicamus: Aut enim hoc permitti nobis non debet, aut illud debet juditio nostro permitti: Cum enim Magistratus simus, judicio nostro, non alieno utimur. Quod si nobis juditium de religione eripis, eripe etiam potestatem judicandi de Serveto. Sin permittis; Permitte etiam de te, quem eodem loco habemus quo Servetum. Quemadmodum enim si consilio tuo inducti, homicidas occideremus, & te ipsum, si homicidam judicaremus, occideremus. Ut tantum adversarios, non etiam nostros nobis interficere licere judicemus.

Calvinus. 131.

Obstrepant licet vel malevoli, vel malefici homines, ego libenter fateor, ac præ me fero (qua secundum (1) urbis leges aliter cum homine jure agi non poterat) (2) ex me prodiisse accusatorem: Nec inficior meo consilio dictatam esse (3) formulam, qua patefieret aliquis in causam ingressus.

Vaticanus.

(1) Genevæ Lex est, ne quem die Dominico capi liceat, nisi ob capitale facinus. Itaque cum accusatorem sumpsit die Dominico Calvinus, Servetum capitis accusavit, aut contra urbis Legem fecit (2) In Lege Mosis accusatores sunt testes, qui dicere possunt, vidi aut adfui,

adsci, primique lapidem jaciant. An Calvini coquus potuerit de Serveti erroribus circa Trinitatem, & Fatum, & ejus generis obscurissimas quæstiones (in quibus tot jam seculis sudavit Ecclesia) judicare, & primus lapidem jacere, aut ut falsus testis eodem supplicio affici, ijs judicandum relinquo, qui norunt hominis ignorantiam. Item an Pastori licuerit ex culina sua accusatorem rei capitis depromere, judicent ij qui Apostolorum mores ingeniumque norunt. Coquus ille non est accusator, sed muta persona & accusatoris larva, ut ea deceptus Magistratus, pateretur verum accusatorem Calvinum totam Serveti causam agere, id quod ei non licuisset, si secundum urbis Legem fuisset ipsemet in vinculis. (3) Quæ potuerit esse illa formula non video, nisi quod ex eventu suspicor hujusmodi fuisse: Dico hunc hominem esse hæreticum, hanc accusationem concludit, deinde Calvin°: Hæretici sunt occidendi, ergo dico hunc hominem esse occidendum ea lege, ut nisi reum peregero, occidar pro eo lege Talionis. Hæc est accusatio Calvini. Respondeat nunc coram Deo, qui videt omnium corda, an ipse sic secum agi velit, quomodo egit cum Serveto.

Calvinus. 132.

Ceterum quid mihi tunc fuerit consilij ex ipso deinde actionis progressu apparuit.

Vaticanus.

Imo ex hoc quod captus est die Dominico, & ex ipso eventu, hoc est, supplicio.

Calvinus. 133.

Simul enim ac vocati sum° ego & collegę mei
mini-

minime per nos stetit, quominꝰ placide nobiscum de suis Dogmatibus conferre liberum illi esset.

Vaticanus.

Misera & nimium serva Libertas disputandi,
cum, nisi velis in sententiā Calvini descendere,
conclusionem facturus sit carnifex. Hoc aliunde
quam ex Evangelio habet Calvinꝰ. Si volebat
disputare, non debebat accusare (nam accusationi respondet nō disputatio, sed causę dictio)
sed potiꝰ ad cœnam placide invitare. Nec erat
quod metueret fugam Serveti; si ei libertatē &
vinculis disputationem permisisset, cum ille sua
sponte eam ob causam forsitan Genevam ve-
nisset: Aut si fugam metuebat, ne sic quidem
compedes inijcere debuit: Nec enim disputari
debet cum invitis.

Calvinus. 134.

Imo perinde accessimus, ac si ex vinculis reddenda esset doctrinæ nostrę ratio: ac si quid o-
bijceret, testati sumus nos ad respondendum
paratos esse.   Vaticanus.

Valde credulus erit, qui hoc credet. Ex vinculis qui causam dicit, pœnam formidat. Hanc
formidare qui possunt illi Ministri? cum Magistratus de religione non nisi ex ipsorum disciplina & sententia pronunciet?

Calvinus. 135.

Cum subinde plenis buccis convitia in me e-
vomeret, quorum indices ipsos pudebat ac pi-
gebat, ab ejus insectatione abstinui.

Vaticanus.

Equidē Servetū non laudo, si fuit intemperan-
tioris Linguæ: tametsi magnopere videndū est,
quo

quo quid animo dicatur. Si quid dixisset in Calvinum Servetus, quo animo dixit Iudæo Pontifici Paulus: *Percutiet te Deus paries dealbate*, Act. 23. 3. non ego id temere reprehendendum existimarem, cum verum esset. Sed si quid intemperantius dixit Servetus cum homine intemperantissimo confligens, nactus fuit Calvinus hominem se dignum: tametsi eum a Calvino reprehendi est indignum: cum ipse Calvinus convitijs sic abundet, ut sint qui dicant ex eius scriptis confici posse dictionarium conviciorum. Itaque quod dicit, se a Serveti infectatione tunc abstinuisse, id mihi creditu valde difficile est, cum eum quotidianis concionibus palam traducere soleret, & nunc insuper edito Libro, ob scænum canem, & equum desultorium, & quid non? appellans, toto orbe traducat. Credam eum in ipso conflictu ab ejus infectatione abstinuisse. Ille vero aut non abstinuit, aut voluit hac spe modestè conviciandi postea licentiam apud Magistratum, nec non apud omnes nationes emereri. Alioquin si vera fuisset modestia, nunquam eum, nec tunc absentem, pro suggestu, nec nunc mortuum toto orbe proscinderet.

Calvinus. 136.

Adde quod multum instabat gravioris pœnę periculum, si quo modo fuisset sanabilis.

Vaticanus,

Qui morbis corporis in carcere laborant, emitti solent aliquando, ut sanari possint, Calvinus insanabilem putat Servetum, qui si sanus fuit, potuit tanta inquietate æger effici: sin jam æger, potuit reddi insanabilis, nisi forte corporis morbos magis gravant vincula, quam mentis,

Calvinus

Calvinus. 137.
Atqui tantum abfuit a quærenda moderatione ut jactantiæ & ferociæ plenus, sana omnia & utilia consilia petulanter respuerit.

Vaticanus.
Tum vero sanus fuisset, si Calvini consilia Servetus sana fore credidisset. Si sic in vinculis teneretur in Hispania Calvinus, experiretur quam sana sint hostium consilia.

Calvinus. 138.
Porro quam absurdæ execrandæque blasphemiæ illi inter loquendum exciderint, alibi forte oportunius dicetur: Hoc tantum in præsentia testatum volo, me non ita capitaliter fuisse infestu, quin licitum fuerit vel sola modestia (nisi mente privatus forem) vitam redimere.

Vaticanus.
Ergo non propter hæreses, sed propter immodestiam occisus est. Non debent ergo hæretici necari, nisi sint immodesti. Cur hanc regulam non prius tradidit Calvinus, cum de hereticis occidendis disputaret? Deinde si modestia hæreticis vitam servare potest, cur non & homicidis? Cum hæreticum esse gravius sit Genevæ, quam homicidiam, ut ex supplicij gravitate perspicitur. Enimvero non obscure, si quis oculos habeat, ostendit Calvinus, Servetu odio cecidisse Calvini.

Calvinus. 139.
Sed nescio quid dicam, nisi fatali væsania fuisse correptum, ut se præcipitem jaceret.

Vaticanus.
Calviniani quidam cum Calvini factum defendere non possent eo postremo confugerunt,

ut

dicerent. Servero fuisse fatale comburi Genevę. Hac ratione licet excusare quecunque fiunt. Sic erat in fatis. Quod si quem occidimus, sic erat in fatis. Et tamen fati nomen Calvinus ipse in suis Instit. Cap. 14. sect: 40. non recipit, cum tamen rem ipsam sic teneat, ut fortunæ nomen plane reijciat.

Calvinus. 140.

Excipiet forte quispiam, cur ultra Pauli mandatum progressus sim, qui desperatos quoque hęreticos Timotheo, solum vitandos esse scribit. Atqui mihi in promptu est excusatio, mihi satis fuisse hominem, cuius deplorata impietas mihi nota erat, vitare, et alios monere vt idem facerent. Sed illa cavendi prudentia neque me, neque alium quemlibet fuisse impeditum, quo minus quisque piorum Magistratuum, Hæreticum coercendum pro oblata sibi facultate curaret.

2. Timo.
1. 15.
Tit. 3.
10.

Vaticanus.

Sic se excusant Sorbonę Magistri: Hæreticum accusant & damnant, & eundem Magistratus servare jubent si possent, sed in medio armatorum satellitum, ex quorum manibus vix etiam volucris posset evolare. Sic fecit Calvinus: hominem accusavit: hæreticum & impium, deploratum, & quovis Latrone sceleftiorem pronunciavit, & toto orbe sic infamavit, vt stijgium aliquod monstrum esse eum putarent homines. Hoc ubi fecit, & Magistratui suo summa diligentia & labore persuasit, non posse illum dimitti, quin descisseret Magistratus ab officij sui fidi (sic enim supra dixit) hominem tanquam hęreticum devitat: De ejus ipsius

morte

morte nullum verbum facit Magistratui. Affer aquam Calvino, ut lavet manus suas: Innocens est ab eius sanguine. Nobis non licet interficere quenquam. Sed si hunc dimittis, non es amicus Cæsaris. O Calvine, Calvine, putas Deum hominem esse similem, ut istis Sorbonicis sophismatis decipi se patiatur? Ipsi tui Discipuli, qui te alioquum tanti faciunt, ut tecum casuram putent ecclesiam, te hac in parte defendere non possunt. Tantum hoc dicunt, non sine gravissimis causis (sed quæ lateant) fecisse te, ut hominem illum occideres: Quod perinde est ac si dicant: Si non fuisset Servetus malefactor, non tradidisset eum Calvinus Magistratui. O quantum abest hic homo ab Helizæi ingenio, de quo supra locuti sumus; Aut Davidis, qui cum esset ipse Rex unctus Divinitus, Saulum tyrannum, ipsiusque & regnum injustè tenentum, & vitæ armata manu insidiantem, tantum abfuit ut occideret cum posset, ut ne occidi quidem passus fuerit: Aut Christi, qui adulteram ex manu Magistratus tam mirabili astutia liberavit.

Mat. 27. 24.
Iohan. 18. 31 & 19. 12.

Iohan. 18. 30.

Calvinus. 141.

Idem Apostolus, qui tantum a congressu Hæretici Thimotheum prohibet, se Hijmenæum & Alexandrum Sathanæ tradidisse palam asserit. Vt discerent non blasphemare. Si tunc Paulo ad manum fuisset pius Magistratus, & strenuus gloriæ Christi vindex, ego quidem non dubito, quin illos puniendos libenter daturus fuerit, quos permissa sibi divinitus castigatione in ordinem cogebat.

1. Tim. 1.

Vaticanus.

Hoc

(1) Hoc est, ut pudore & infamia moti, ad sanitatem redirent: Quemadmodum factum est in Corinthio illo, quem Paulus excommunicavit ad poenam corporis, ut se corrigeret & iterum in Christianorum communione acciperetur, id quod factum est. Paulus vero, tantum abest vt illum Magistratui puniendum libenter daturus fuerit, vt sic de illo postea scribat Corinthijs: Satis est illi ea castigatio plurium, ut contra potius ei condonetis, ac cum eo consolemini, ne forte immodico mœrore conficiatur, Quamobrem hortor vos, ut charitatem in eum exerceatis. En metuit ille ne ob excommunicationis infamiam mœrore conficiatur quanto id magis metuisset a carnifice, ne quid interim dicam, quam iniquum fuisset eundem bis puniri, videlicet a Paulo & Magistratu. Cur non idem metuit Calvinus in Serveto, qui supplex Magistratum frustra petijt, vt gladio perire liceret, ne immodico ignis cruciatu ad desperationem adigeretur? Vbi tum fuit Calvinianorum charitas? Cur non tradidit Calvinus illum Sathanæ, ut disceret non blasphemare? Tradidit carnifici: ei Satan fuit carnifex: Quomodo discet nunc Servetus non blasphemare, sed Deum laudare? Cum scriptum sit: *Non mortui laudabunt te Domine*: Aut quomodo tum didicisset Hijmenæus & Alexander non blasphemare, si accusante Paulo venissent in manus carnificis? Soletne Carnifex dedocere blasphemias? Ego vero adeo a Calvino discrepo, ut non dubitem, quin Paulus Magistratum oraturus fuerit, vt illis veniam daret, quo possent discere non blasphe-

1. Cor. 5.

2. Cor. 2. 6.

Psal. 6.

L mare

mare : Nam hoc Pauli clementiæ conveniens est, & fecit tale aliquid in Philemone, quem pro Onesimo servo, antea nequam, tam officiose orat : *Phil. 18.* Si quid te læsit, inquit, aut tibi debet, id mihi imputato. Ego Paulus scripsi mea manu : Ego dissolvam. Hæc tam procul absunt a mente Calvini, quam cœlum a terra. Putat Calvinus Paulum fuisse Calvinianum : & quia non potest dicere illum tale aliquid fecisse (repugnat enim ejus tota Doctrina, totaque in Christo vita) dicit facturum fuisse. Itaque si fuisset Paulus, qualis fuerat, antequam factus est, Paulus certe fecisset, & talem nunc nobis facit illum Calvinus, mavultque Saulum quam Paulum. Enimvero si facturus fuisset Paulus hoc in hæreticis, cur non fecit in maleficis? Habebat ad manum Magistratum ad puniendum homicidas, adulteros, falsos testes, &c. In quibus puniendis Magistratum ministrum esse Dei ipse testatus est in suis Epistolis : Cur nullum vnquam facinorosum accusavit, cum posset? Aut cur hæreticos solum deligeret ad accusandum, cum huiusmodi ineptam vnius rei, prætermissis alijs, electionem reprehendebat in Papistis ipse Calvinus in primis Instit. pag. 389 his verbis: Mandatur scilicet in Lege de mactando vitulo, de ejus adolenda adipe, de arietibus secandis & comburendis & innumeræ aliæ observationes, quibus prætermissis, miror cur vna unctio olei illi placeat. Et ego rectius miror cur tam multis facinorosis pretermissis, quos Lex occidi jubet, Calvino vnorum hæreticorum accusatio placeat, de quibus nulla in

li in universa Lege syllaba inveniri potest.
Calvinus. 142.

Neque enim quod mihi & omnibus verbi ministris prescriptum est, judices constringit ac ligat, ne munus sibi divinitus injunctum exerceant: Ac ne mihi quidem obstat (1) vt eorum præsidio fideique Dei veritatem, ubi ita opus est, commendem.

Vaticanus.

(1) Hoc est, quo minus Hæreticos accusem ac dicam: Fides est in vestro præsidio. Si hunc dimittis fidem & officium vestrum deseretis. Hoc idem est, quod modo dixerat Paulum fuisse facturum. Quod, quid aliud est, quam dicere: Crucifige tu Pilate: Nobis non licet interficere quenquam: Sed accusare licet, & Magistratui minari, nisi fuerit obsecutus. Et hic quidem sibi contradicit Calvinus: Supra enim scripsit se nullum de pœna Serveti, ex quo conjuctus fuerat, verbum fecisse. Et tamen hic scribit hoc esse officij Ministri, & Paulum facturum fuisse. Atqui si Paulus facere debuit, debuit & Calvinus: & si fecit Calvinus, mentitus est cum negavit: Si non fecit, deliquit in officium suum. Cætera quę de Serveto scripsit Calvinus, & tres illas questiones omitto, non quia non multa ibi reprehendenda sint. Sed quia Calvini errores omnes refellere esset infinitum: Deinde quia mortuus est Servetus, quo fit, vt si quid in eum forte Calvinus mentitus est, ejus fides sit penes Calvinum: cui quantum credi debeat atque oportebat ostendunt ea,

quæ supra posuimus. Facile est de mortuo maledicere: Sed resurget aliquando Servetº, sicut & nos: nec ita extincta est eius anima a Calvino, ut non possit Calvinum (si modo falsum dixit de eo testimonium) refellere coram Deo, qui longe aliter judicabit quam Calvinus. Veniamus ad mortem Serveti, quam Calvinus ita describit, ut simul clementiam suam depingat: Sic enim loquitur.

Calvinus. 143.

Cæterum ne male feriati nebulones, vecordis hominis pervicacia, quasi martyrio glorientur, in eius morte apparuit beluina stupiditas, unde judicium facere liceret, nihil unquam serio in Religione ipsum egisse.

Vaticanus.

Hic exerit se modestia Calvini.

Calvinus. 144.

Ex quo mors ei denunciata est, nunc attonito similis hęrere, nunc alta suspiria edere, nunc instar Lijmphatici ejulare.

Vaticanus.

Et si credo omnia hæc invidiose & mala fide a Calvino dici, & accusatorie magis quam vere narrari, tamen etiamsi vera essent, nullã hic video beluinam stupiditatem. Eam enim in militibus & in humanis hominibº intelligimus, qui metu mortis non magis moventer quã beluę. At hominem moveri, humanum est, non beluinum. Edidit, & Ezechias alta suspiria, cum ei nunciata esset mors longe mitior quam Servetọ! Et columba sive gruis ritu querulus & misera-

~~ferabiles clamores emisit.~~ Iobus ipse, qui patientiæ specimen proponi solet, hesit attonito similis totos septem dies, cum tamen amici ei non tam triste nuncium afferrent, quam inimici Serveto. Ipse denique Christus sanguinem præ angore sudavit, & animam tristem habuit usque ad mortem, ac in ipso patibulo, quasi desertus, miserabiliter exclamavit: Mi Deus, mi Deus, cur me dereliquisti? Posset hæc omnia Calvinus eadem arte vituperare, & oblique, & sinistre, ut suspicaces solent, torquere, quod tamen fieri non debere scripsit in primis Instit. Vt supra ostendimus. Est omnino ea sophistarum natura, ut omnia pervertere sciant, eademque modo vituperare, modo laudare. Si commovetur morte Servetus, dicunt esse beluini stuporis: Si moritur constanter Anabaptista (sicut aiunt eorum hominum incredibilem esse in perferendis suppliciis constantiam) dicunt esse pertinaciam, virtutemque Diaboli: In quo sane sunt Iudæorum discipuli, quibus nec Iohannis austeritas, nec Christi comitas satis faciebat. Rursum si quis ex ipsorum discipulis constanter occubuit, tollunt laudibus in cœlum: sin commotus est, non carent excusationibus, id quod equidem non reprehendo, est enim charitatis hęc in bonam partem interprætari.

Iob. 3. 13
Luc. 22. 44.
Mat. 27. 49.
Mat. 11. 18.

Sed quod non idem in aliis quoque faciunt, id ego probare non possum. Spectandus omnino est animus, non corporis facies aut gestus. Potest enim fieri ut & pius aliquis in morte eiulet, & impius cantet: Et contra ut & pius cantet & impius eiulet: Itaque non sunt quæ ... ra posuimus. Facile est de mortuo maledicere: Sed resurget aliquando Servetº, sicut & nos: nec ita extincta est eius anima a Calvino, ut non possit Calvinum (si modo falsum dixit de eo testimonium) refellere coram Deo, qui longe aliter judicabit quam Calvinus. Veniamus ad mortem Serveti, quam Calvinus ita describit, ut simul clementiam suam depingat: Sic enim loquitur.

Calvinus. 143.

Cæterum ne male feriati nebulones, vecordis hominis pertinacia, quasi martyrio glorientur, in eius morte apparuit beluina stupiditas, unde judicium facere liceret, nihil unquam serio in Religione ipsum egisse.

Vaticanus.

Hic exerit se modestia Calvini.

Calvinus. 144.

Ex quo mors ei denunciata est, nunc attonito similis hærere, nunc alta suspiria edere, nunc instar Lymphatici ejulare.

Vaticanus.

Et si credo omnia hæc invidiose & mala fide a Calvino dici, & accusatorie magis quam vere narrari, tamen etiamsi vera essent, nullam hic video beluinam stupiditatem. Eam enim in militibus & in humanis hominibus intelligimus, qui metu mortis non magis moventur quâ beluæ. At hominem moveri, humanum est, non beluinum. Edidit, & Ezechias alta suspiria, cum ei nunciata esset mors longe mitior quam Serveto: ~~Et columba sive gruis ritu queruisse & mi~~seraferabiles clamores emifit. Iobus ipfe, qui patientiæ fpecimen proponi folet, hefit attonito *Iob.2.13* fimilis totos feptem dies, cum tamen amici ei non tam trifte nuncium afferrent, quam inimici Serveto. Ipfe denique Chriftus fanguinem præ angore fudavit, & animam triftem habuit *Luc. 22.* ufque ad mortem, ac in ipfo patibulo, quafi de- *44.* fertus, miferabiliter exclamavit: Mi Deus, mi *Matt.27.* Deus, cur me dereliquifti? Poffet hæc om- *49.* nia Calvinus eadem arte vituperare, & oblique, & finiftre, ut fufpicaces folent, torquere, quod tam fieri non debere fcripfit in primis Inftit. Vt fupra oftendimus. Eft omnino ea fophiftarum natura, ut omnia pervertere fciant, eademque modo vituperare, modo laudare. Si commovetur morte Servetus, dicunt effe beluini ftuporis: Si moritur conftanter Anabaptifta (ficut aiunt eorum hominum incredibilem effe in perferendis fuppliciis conftantiam) dicunt effe pertinaciam, virtutem- *Mat. 11.* que Diaboli: In quo fane funt Iudæorum dif- *18.* cipuli, quibus nec Iohannis aufteritas, nec Chrifti comitas fatisfaciebat. Rurfum fi quis ex ipforum difcipulis conftanter occubuit, tollunt laudibus in coelum: fin commotus eft, non carent excufationibus, id quod equidem non reprehendo, eft enim charitatis hec in bonam partem interpretari.

Sed quod non idem in alijs quoque faciunt, id ego probare non poffum. Spectandus omnino eft animus, non corporis facies aut geftus. Poteft enim fieri ut & pius aliquis in morte eiulet, & impius cantet: Et contra ut & pius cantet & impius eiulet: Itaque non

L iij   funt sunt hęc animi certa indicia. Servetum quidem commotum fuisse nihil miror: Ipse Calvinus, qui nunc mortuo tam petulanter insultat, si esset in eo statu, nescio quid faceret, cum sępe soleat, si quis in eum Liberius locutus est, cadere statim in morbum suum, quem hemicraniam appellant; Tanta est iracundiæ impatientia. Fere fit ut quo quisque magis ferocit, dum abest a poena, idem magis frangatur dum ea adest. Credite mihi Lector, aliud est de igne sub umbra Loqui, aliud videre se a carnifice sulphure aspergi, & faciei in orbem admoneri. O Calvine, Calvine, vide ne tecum in hac (id quod esset melius) vel in futura vita, ratione agatur.

Calvinus. 145.

Quod postremo tandem sic invaluit, ut tantum Hispanico more reboaret: Misericordia, Misericordia.

Vaticanus.

Nę illi justa causa erat, cur Dei Misericordiam imploraret, cum esset in manibus hominum adeo immisericordium, vt ab eis decollationem precibus impetrare non potuerit, quam impetrare potuisset in media Canibalum barbarie.

Calvinus.

Vbi ad locum supplicij ventum est, hortatu optimi fatris, symmysteque nostri Farelli tandem ægre extorta ei vox fuit, vt populus communes secum preces conciperet. Porro qua id conscientia sibi facere permiserit non video. Scripserat enim manu sua, fidem hic Diabolicam regnare: Nullam nobis esse Ecclesiam nullum

nullum deum, quia infantes baptifando Chriſtum abnegaremus. Quomodo igitur ſe in
precibus ſocium populo adjunxit, cujus fu-
gienda erat communio? An non profanatio
eſt ſacræ vnitatis, communem Deum & fidem
cum impio & profano coetu profiteri?

Vaticanus.

Et Tigurinos Lutherus vocavit animarum latrones: Sed id ſe de Magiſtris dicere teſtatus
eſt. Pro plebe quidem Dominus oravit. Potuit & Servetus illa ſcripſiſſe de Magiſtris, &
tamen de plebe non ita ſentire; Aut certe non
de omnibus. Qui putat populum decipi, non
continuo vniverſum populum abominatur.
Chriſtus ipſe & Apoſtoli in templo orare, &
ſacris intereſſe non dubitaverunt: & tamen
teſtatus eſt Chriſtus Iudæos ex eo templo feciſſe
ſpeluncam latronum. Quomodo ergo ſe in precibus ſocium Latronibus adjungit? Ipſe Calvi- *Luc.19.*
nus Eccleſiam habet in qua plurimi ſunt hijpo-
crite & impij, ut ſupra ex ejus Scripturis oſten-
dimus: Qua igitur, conſcientia ſibi permit-
tit orare communem Deum cum hijpocritis &
Impijs?

Calvinus. 147.

Ac pro eo quidem ut ſupplicaretur, hortatus eſt Farellus: Sed nominatim ut Dominus
perditi alias hominis miſertus, ab execrandis
eum erroribus ad ſanam mentem reduceret.

Vaticanus.

Ergo propter errores accuſatus eſt Servetus;
atque tamen Lex neminem propter errores interficit, etiam ſi quis patrem ſuum per errorem
interfeciſſet: Errarunt & gravius quam Ser-

L iiij

vetus

vetus Iudæi, qui Christũ crucefixerunt: Quod si propter homicidium erant morte digni, at propter errorẽ certe non erant. Erravit & Thomas gravissime, qui neque sacris scripturis, neque Christi prædicatione, neque communi tot Apostolorum & Discipulorum testimonio adduci potuit, vt crederet revixisse Christum: Et poterat tamẽ error a Calvino blasphemia vocari: An ideo erat occidendꝰ? Credidit Servetus revixisse Christum, & tamen non vidit, cur si in alijs errabat, non servatus est? Vt esset Locus ad resipiscendum? Si Thomas tum occisus fuisset, nonne ejus saluti fuisset præclusa via? Cur Domino tempus auxilij præscribimus? Vt si hunc hominem ab erroribus ante accensas flammas non revocaverit, sic ei hodie flagrandum? Quid si eras, cum venturus est Dominus? O si occideret Deus omnes errantes, quis evaderet? Sed dicent, errores illos esse blasphemiam. Itaque Musculus in Epitaphio, quod de Serveto scripsisse dicitur, sic Loquitur:

Servetus ex Hispania,
Qui tam diu non debuit
Inter fideles vivere,
Hic triplicem nos bestiam,
& Sathanæ fantasmata,
Illusiones Dæmonum,
Habere dicit pro Deo,
Et propter hanc blasphemiam,
Linguamque detestabilem,
Non propter errores graves,
Quibus scatebat plurimis,
Flammis Genevæ extinctus est.

Vides

Vides quid vocet blasphemiam, Non quod dixerit Servetus Deum esse triplicem bestiam, aut Dæmonem (quemadmodum plebi falsissime persuasum est) sed quod dixerit eos ignorare, quid sit Deus, & pro vero Deo colere non verum. Hoc autem debet non blasphemia, sed error appellari. Sed quemadmodum assentatores initio vitia eorum, quibus adulantur, extenuant, eum qui iracundus est, severum appellantes & qui avarus frugi, & qui prodigus Liberalem. Ita Calumniatores eadem exaggerant, errorem appellantes blasphemiam, & aliorum verba sinistre & in malam partem interpretantes. Si dixisset Servetus, Deum esse Dæmonem, esset vera blasphemia, *& ego eum puniendum esse gauderem.* Sed si dixit eos nescire quid sit Deus, & ideo falsum Deum colere, non contra Deum locutus est, sed contra homines. Alioquin possent hoc pacto Iudæi Christum accusare, cù dixisset eos ex domo Dei fecisse speluncam Latronum. Item cum dixisset eos esse a patre diabolo, & tamen confessus fuisset esse filios Abrahami, potuissent dicere ab eo Abrahamum appellatum esse Diabolum: Quod idem dico de Deo, quoniam ipsi se Dej filios asserebant. Huiusmodi calumnijs oppressum fuisse Servetum video. Persuasum est populo, illum appellasse Trinitatem Cerberum, id quod falsum est: Credidit enim in Patrem, & in Filium & in Spiritum sanctum, que Trinitas est: Sed hæc aliter interpretatus est quam ipsi: Hanc interpretationem illi in vulgus invidiose exagitarunt, ut putent homines Servetum aliquem

quem fuisse Rabelesij aut Doleti, aut Villanova-
ni similem, qui nullum Deum aut Christum
haberet.

Calvinus 148.

Ipse interea, quanquam nullum resipiscentię
signum dedit, pro suorum tamen dogmatum
defensione ne verbum quidem facere conatus
est. Quid sibi quæso hoc vult, quod jam sub manu carnificis positus (1) quum æternum Dei filium invocare pertinaciter renueret, non breviter saltem (quod liberum erat) excusaverit ?
Quisnam morte hanc martyris esse dicet? Doctrinam pro qua certandum erat, non modo (2)
omni patrocinio destitutam relinquere, sed vo-
luntario silentio tenere suppressam ? Nemo e-
nim a loquendi ipsum libertate prohibuit.

Vaticanus.

Eadem possent de Christo dici: Non ego Servetum similem esse dico Christo : Sed dico similem hic esse Calumniam, Nam Christus sub
manu carnificis disputare noluit. Ego palam
locutus sum mundo inquit. Quid disputaret
Servetus, cum carnifex esset antegressæ disputationis conclusor ardens ? Aut persuadere potuisset ei populo, qui eum pœne pro Diabolo
habebant? Mihi vero videtur prudenter tacuis-
se. Eterni Dei filium in medijs etiam flammis
invocavit. Negabat enim dici filium æternum:
quoniam filij appellatio tribuitur ei a nativita-
te, qua natus est ex virgine: Antea fuisse non filium, Sed sermonem. Quod si hic erravit, hec-
cin æ justa causa fuit cur occideretur? Imo eam
de-

Johan. 18
20.

Nota.

defendit singulae suo, quoniam verbis nihil
profecerat. 3. Loqui enim supervacaneum est, ubi
vi res geritur: Silent enim Leges & oris prudentia inter arma.

Calvinus. 149.

Vnde, quod paulo ante attigi, liquere arbitror, quandiu impune se ludere putavit, plus satis fuisse audacem; Vbi autem soluta est justa
merces, desperatione concidisse.

Vaticanus.

Imo quandiu verbis & rationibus Locum
fore putavit, locutus est: Vbi autem pulsa est è
modio sapientia, & vi rem geri videt, desperavit de illis oratione persuadendis: At de Dei
misericordia non desperavit, nisi forte despe-
perantis vox est illa, qua jam ore clamabat: *Iesu
fili Dei æterni miserere mei*.

Sequitur jam in Libro Calvini descriptio
dogmatum Serveti, & longa illa, cum alijs de
rebus, tum potissimum de Trinitate altercatio,
de qua ego multis de causis nihil loquor. Primum quod res est ardua & difficilis, de qua antiqui multû digladiantes (sic enim illos exagi-
tavit hęc quæstio, quomodo nostros quæstio de
Coena) nec inter se, nec singuli etiam secum u-
bique consenserunt, qua de re scripsit ipse Calvinus in Instit. Cap. 6. Sect. 24. Vbi Hilarius
fœlices Galliæ episcopos prædicat, quod aliam
nec excudissent, nec recepissent, nec omnino
cognovissent confessionem, quam veterem illam

lam & simplicissimam, quę ab ętate Apostolorum apud omnes Ecclesias recepta fuerat. Itaque malo cum illis Gallię Episcopis foelix esse, quam hujus rei majestatem curiosius scrutando opprimi ejus splendore. Calvini quidem Disputatio ejusmodi est, ut ego eam legens multum laborem, nec tamen intelligam: Rursum deposito de manibus Libro, jam nesciam quid dicat. Si alij acutiore sunt ingenio, ita ut eum intelligant, utantur sane suo ingenio, &, an Servetus erraverit, judicent qui intelligunt: modo ne putent occidi debuisse propter errores.

Altera causa est, cur hac de re disputare nolim, quod Serveti Libros, ex quibus ejus *mens* penitus perspici possit, non habeo. Nam ex *mutilis* quibusdam locis, quos ex ejus Libris Calvinus accusatorie deprompsit, scire quid senserit non facile possim, non magis quam ex Iudęorum Libris, quid Christus docuerit. Facile est, cum amputaveris brachium ex corpore, expugnare brachium. Ita facile est, combusto libro, detorquere & agitare aliquem sumptum ex eo locum. Prodeat liber Serveti, videamus quid dixerit: & quæ mala esse cognoverimus, reijciemus: alioquin accusatori non credemus. Accidit eo quod cum hęc scriberem, narravit mihi quidam meus amicus, incidisse se in juvenem Gallum, qui dixerit se hanc Serveti cum Calvino altercationem Genevę, cum imprimenda foret, magna ex parte descripsisse: Sed non fideliter impressam esse, quin multa mutata esse,

An ita sit, ille juvenis viderit: mihi interea

rea de Calvini fide dubitare non est nefas; Auget meam hanc dubitationem locus quidam in Serveti responsis, pag 100. Vbi sic Calvinum alloquitur: Nega te homicidam, & actis probabo. Quem locum legit quidam scriptum Serveti manu, & mihi, antequam scripsit Calvinus librum hunc, dixit scriptum fuisse in hanc sententiam: *Negas te esse homicidam, sed id actis aut re probabis: nam si qua poteris interficies, atque re ostendes, te esse homicidam.* Et certe probabilius est ita scripsisse Servetum: quid enim sibi vellet, si scriberet, & actis probabo? Non enim probavit Servetus moriendo, sed Calvinus interficiendo.

Vtcunque est, ego disputationem prætermitto, ad Servetum venio, quem scribit Calvinus provocasse ad alias ecclesias, quod an ipse sponte sua fecerit, an ab aliquo emissario, qui se ei benevolum fingeret, impulsus, an quia de Genevensium æquitate desperans, spem dubiam quam nullam tentare mallet, aut etiam ob has omnes causas, Nescio. Hoc scio, Calvini morem esse hunc, ut soleat huiusmodi controversias ad amicos suos deferre, & adversarios interrogare, an illorum judicio stare velint. Habet enim Neoconi Farellum, & Lausaniæ Viretum: Habet & in cæteris Ecclesijs præcipuis, de quorum mutua opera non dubitat, ad quos provocare perinde est, ac si ad Calvinum ipsum provoces. Igitur cum ille ad ecclesias illas provocasset, scripsit Senatus Genevensis ad quatuor Ecclesiarum Pastores, videlicet Tigurinæ, Bernensis, Basileensis, & Schaffusianæ, qui quomodo

modo responderint, sic scribit Calvinus.

Calvinus. 150.

Cordate responderunt : Totum Librum detestabile esse Monstrum, & innumeris erroribus esse constatum. Denique omnes vno consensu, & quasi vno ore, pronunciarunt, non minus sincere, quam Iustæ reprehensos a nobis fuisse errores, quorum causa clamabat Servetus sibi plusquam atrocem fieri injuriam. Itaque supervacuum fore putavi, singula responsa ordine recensere. Tantum ut sciretur nihil amplificandi causa a me hic fuisse dictum Tigurivę ecclesię epistolam tanquam specimen proponere libuit, quæ adeo nihil ab alijs diversum continet, vt inspecta liquidam omnium fidem factura sit.

Vaticanus.

Ostendit Calvinus ab illis vno consensu vniversam Serveti doctrinam fuisse damnatam, & eos quasi vno ore eadem scripsisse, id quod tibi Lector, animadvertendum est : Pertinet enim ad id, quod mox dicturi sumus. Deinde Tigurinorum epistolam vice omnium ponit, in qua illi Servetum vt hæreticum & blasphemum damnant : Deinde Genevensi Senatui de eo interficiendo callide consilium dant his verbis.

Tigurini. 151.

Multa ergo fide, ac diligentia contra hunc opus esse judicamus, præsertum cum ecclesię nostrę apud exteros male audiant, quasi Hæreticę sint, & Hereticis faveant.

Vatica-

Vaticanus.

Exteros vocant Papistas, apud quos male audire nolunt. Atqui Papam habent pro hęretico, vel potius pro Antichristo: itaque volunt ab Antichristo inire gratiam, & apud eum bene audire. En Christianos.

Tigurini. 152.

Obtulit vero in præsenti sancta Dei providentia occasionem a epurgandi vos, simul ac nos a prava mali hujus suspicione, si videlicet vigilantes fueritis, Diligenterque caveritis, ne veneni hujus contagio per hunc serpat latius. Id quod facturos vos nihil dubitamus.

Vaticanus.

Si hominibus placerem Christi servus non essem, inquit Paulus, Illi ut Papistis (quos pro Antechristianis ducant) placeant, consulunt, Genevensibus vt hominem interficiant. Ita sanguine Serveti repurgentur. Neque tamen illi vero dicunt: Interficite, sed malitiosa circum locutione id ita innuunt, ut tantundem ita consequatur, & interea excusare se possent, si accusenter. Sed quis non intelligit eos Genevensibus consulere, vt sic, aut etiam asperius tractent Servetum, quam ipsi tractarunt Anabaptistas? quorum cum magnum numerum propter iteratum Baptismum occiderint, quis dubitat, quin de Serveto etiam graviora statuant? Cum in eo & illud idem, & alia insuper & multa & maiora damnant. Itaque non fuit difficile Genevensibus, præsertim interprete Magistro Calvino, *Gal.1.10*

corum

eorum mentem percipere. O sanguinarium & Pharisaicum consilium. Christus ut dedecus mortemque nostram deleret, seipsum ad Dedecus & mortem obtulit. Isti dedecus, quo apud Papistas se forant, sanguine alieno purgare voluerunt. Vę vobis homicidę hypocritę: Si vultis istud dedecus abolere, interficite vos ipsos, quos illi (ut vos ipsi scripsistis) hęreticos esse judicant. Vę vobis, cum de vobis benedicunt homines, sic enim faciebant falsis prophetis maiores eorum. Vę vobis, qui illius consilium imitati estis, qui dixit, prestare ut unus homo moreretur, ne tota gens periret. Sic vos Servetum occidi voluistis, ne vos deinceps apud Papistas male audiretis. Ite, & cum Papa vestro societatem coite, neve amplius cruentam istam dissimulate concordiam.

Luc. 6.

Iob. 11. 53.

Tigurini. 153.

Dominus Iesus Christus conferat pietati vestrę sapientiam, & fortitudinem, viam, rationem & modum iustum faciendi voluntatem eius, ad gloriam nominis ipsius, & ad fidei sincerę, Ecclesięque conservationem.

Vaticanus.

Iesus est Servator, qui venit ad servandum, non perdendum. Eius Sapientia est, ęgrotis sapienter mederi, non eos occidere. Via est, crucem ferre, non alias cruce occidere. Ratio & modus justus faciendi voluntatem eius, est Zyzania usque ad messem relinquere, non evellere. Gloria est nominis eius, eius clementiam & pręcepta imitari, non hominem occidere. Fidei & Ecclesię conservatio est, Christum per fidem sub cruce sequi, & veritatem non ferro, sed

sed armis a Paulo præscriptis tueri. Tolle eis
ferrum; Non magis stabunt, quam vitis sine
stamine.

Tigurini. 154.
Vestræ amplitudini dediti Pastores
& Lectores ministri Ecclesiæ Tigurinæ.
Vaticanus.

Si hæc Tigurinorum epistola nihil ab alijs diversum continet, (quemadmodum scripsit Calvinus) intelligendum est, etiam aliarum Ecclesiarum Pastores & Ministros eadem & scripsisse & consuluisse: Atque hanc opinionem tacite relinquit in animis Lectorum, sed id ita astute facit, vt tamen negare possit, si accusetur. Propterea quod dicunt Pastores & Lectores, intelligendum videtur de omnibus, cum dixerit Calvinus, uno omnes consensu scripsisse. Sic igitur cogitemus, omnium illarum ecclesiarum Pastores & Lectores eadem scripsisse, quę Tigurini. Atqui hanc illorum concordiam admiremur, qui in hominis necem concorditer conspiraverint, cum sint in alijs tam Discordes.

Cætera quę deinde contra Servetum disputat Calvinus omitto, quando Serveti libros non habeo. Nam de ejus Doctrina ex accusatoris Libris non melius judicari potest, quam de Evangelijs ex scriptis Iudeorum. Facile est enim inimico cuiusuis libri locos torquere & in invidiam trahere. Vulgatum est illud: Audi alteram partem. Itaque de Serveti doctrina judicium suspendimus, donec ejus libri prodeant, si quando forte prodituri sunt. Et enim ij sumus, qui nec errores ejus defendere, nec aliorum in eum accusationibus temere credere velimus.

M   Cæterum

Cæterum ut tandem absolvam, non ego in hoc scripto id ago, ut bonis pastoribus authoritatem detraham, quin ipsemet & bonos pastores in tanto pretio habeo, ut si quis eijs non obediat, eum salvum fieri non posse putem. Bonos Pastores voco eos, qui Christum Pastorem summum imitantur, quibus Christus ipse, dum eos mittit, ita dicit: Qui vos audit, me audit.

Luc. 10. ij animã suam ponunt pro Ovibus suis, & toti in eo sunt, ut servent, non ut perdant, ijs obediendum esse dico, sicut ipsimet Christo. Sed malis Pastoribus & sanguinarijs qui oves non pascunt, sed ovium carne se ipsos pascet, & sanguinem sitiunt, ijs inquam, saltem in sanguine fundendo obediendum esse nego. Precor Dominum messis, ut mittat operarios in vineam suam, Amen.

FINIS.

Cum

Cum Michael Servetus curaret libros suos de Trinitate imprimi Viennæ, fuit quidam Lugdunensis Genevæ habitans, qui literas scripsit ad quendam Lugdunensem amicum suum Lugduni habitantem, in quibus literis inter cetera scribebat talia.

Nos non fovemus Hæreticos cùm vos patiamini apud vos Michaelem Servetū hominem maxime Hæreticum, qui facit imprimi libros plenos errorum, & is est nunc Viennæ in tali domo, &c. Has literas qui viderunt putant scriptas fuisse à Calvino, ob stylum similem; Nec tantam Lugdunensis illius eloquentiam, ut potuerit tam diserte scribere. Ipse quidem Lugdunensis dixit a se fuisse factas. Fuerunt autem de industria ita missæ (sicut nobis narrarunt qui ipsi has literas viderunt) ut venirent in manus Magistratus, atque adeo ipsius Cardinalis Turony. Sunt qui dicunt Calvinum ipsum scripsisse ipsi Cardinali in hanc sententiam, Si tam religionis studiosus esses, quam te esse simulas, non patereris Servetū qui est apud vos &c. utcunque se res habeat, ijs literis lectis Servetꝰ captus est Viennæ, nec non impressor eius libri. Postea cùm ex vinculis clam elapsus esset, venit Genevam, & eodem die, videlicet Dominico, audivit concionem post prandium. Ibi cum ante inceptam concionem sederet una cum alijs, agnitus est a quibusdam, qui id continuo Calvino nunciatum iverunt: Calvinus è vestigio ad Magistratum reum detulit, aut deferendum curavit, ut Servetum propter heresim in vincula petant. Magistratꝰ respondit non posse capi hominem

M ij   in

in libera Civitate, nisi aliquis esset accusator, qui una cum reo sese offerret ad vincula &c. Calvinus famulum suum submisit, qui se accusatorem daret. Is famulus fuit aliquando coquus, nobilis cuiusdam nomine Falesij, quem Falesium Calvinus aliquando tanti fecit ob religionem, ut eum in quadam Epistola summopere laudaverit. Sed postea cum favere videbatur Falesius cuidam medico nomine Hyeronimo (qui in vinculis tenebatur propter causam prædestinationis, quoniam de re dissensisset) in publica congregatione a Calvino judicatus est hæreticus. Ab eodem Calvino mittitur ibi famulus, qui sese accusatorem dedit: & Servetus è concione vocatus, & nomen suum confessus, conjectus est in carcerem, nec non ipse famulus Calvini, qui paulo post datis fide jussoribus liberatus est. Servetus in vinculis sic habitus est, ut cum convenire nemo (nisi magna authoritate præditus) posset, nisi qui Calvini amicus esset. Capto Serveto missus est nuncius à Magistratu Viennam, qui referret sententiam ab ipsis Viennensibus contra Servetum latam, cui nuncio Viennenses eam dederunt, & illud adjecerunt; Servetum, judicio summi Genevensium concionatoris venisse in manus Viennensium. Relata hæc Sententia missus est nuncius ad Helveticas Ecclesias, Barnam, Tigurum, Schaffhuysiam, & Basileam, una cum libro Serveti, & accusatione concionatorum, & literis Magistratus Genevensis ad ministros illarum ecclesiarum, aut ad Magistratus ad corrogandas earum super Serveto Sententias.

Interea missus est ad Francofordiam quidam Tho-

Thomas, famulus Roberti Stephani qui libros Serueti, qui illic ad nundinas prolati fuerunt combussit ne distraherentur. Nuncius ille a cócionatoribus illarum Ecclesiarum retulit literas, in quibus damnabatur Servetus, tanquam Hæreticus. Itaque statim convocatus est Magistratus Geneuensis super Serueti negotio. Amedeus Porrius militiæ Dux, & idem primus tum Consul vrbis, cum videret animos Senatorum inclinatos in necem hominis, noluit adesse in judicio, negauitque se participem fore eius sanguinis. Idem fecerunt quidam alij, reliqui alij aliter damnarunt, nonnulli ad exilium, alij ad perpetuos carceres, pars maior ad ignes nisi recantare vellet.

Cellarum etiam eius vrbis summum Professorem Theologiæ, affirmant nunquam nec in Serueti, nec in vllius Hæretici mortem consensisse: idemque putant de quibusdam eius vrbis Ministris inferioribus, qui ad dicendam de Serueto Sententiam, propterea non fuerunt vocati. Ita ductus est ad tribunal, & ibi damnatus ut combureretur, & in cineres redigeretur. Hanc Sententiam vbi audiuit, postulat supplex a Magistratu ut liceret perire gladio, ne se ad desperationem magnitudine cruciatus adigerent, atque ita animam suam perderet: se si quid peccauerit peccasse ignorantia, animo quidem & voluntate ita constitutam fuisse, ut promouere gloriam Dei voluerit, quas eius preces Farellus Magistratui apertius exposuit. Sed Magistratus a Serueto exoratus non est, ita ductus est Servetus subinde clamans. *O Deus serua animam meam: O Iesu fili Dei æterni miserere mei.* Vt verum

cum est ad supplicij locum procubuit supplica-
bundus, jacuitque aliquandiu pronus, Farello
populum ita alloquente: Videtis quantas vires
habeat Sathan, cum aliquem possidet, hic homo
est doctus imprimis, & fortasse se recte facere putavit, sed nunc possidetur a Diabolo, quod idem
vobis accidere posset. Interea vbi surrexit Servetus, eum hortabatur Farell' vt diceret aliquid.
Ille gemens & suspirans clamabat: O Deus, O
Deus: cum Farellus an nihil aliud haberet quod
diceret, respondit, quid aliud possum loqui quā
de Deo? Farello monente, ut si vxorem, aut libe-
ros haberet, & testamentū condere vellet, adesse
tum notarium publicum, Ille nihil respondit, Ita
ductus est ad struem lignorum, erant autem fas-
ciculi querni virides, adhuc frondosi, admixtis
lignis taleis. Impositus est Servetus trunco ad
terram posito, pedibus ad terram pertingenti-
bus. Capiti imposita est vel straminea vel fron-
dea, & ea sulphure conspersa: Corpus palo alli-
gatum ferrea catena, collum autem fune crasso
quatriplici aut quintriplici laxo, liber femori
alligatus: Ipse carnificem oravit ne se diu tor-
queret. Interea carnifex ignem in ejus conspec-
tum, & deinde in orbem admovit; homo viso
igne ita horrendum exclamavit, vt vniversum
populum perterrefecerit. Cum diu langueret,
fuerunt ex populo qui fasciculos confertim conjecerunt, ipsa horrenda voce clamans: *Iesu fili
Dei æterni miserere mei*: post dimidiæ circiter
horæ cruciatum expiravit. Sunt qui affirmant
Calvinum cum vidisset ad supplicium duci Servetum subrisisse, vultu sub sinu vestis leviter
dejecto. Hæc res multos pios turbavit, atque
scan-

scandalum scandolorum peperit, quod vix nunquam obliterare videretur, multa enim in eo
facto pij reprehendunt crimina.
Primum quod interfectꝰ est Geneuę homo propter religionem, negant enim quenquam propter
religionem debere interfici: & cum citatur vetus Testamentum de interficiendis falsis Prophetis, citant nouum de non extirpandis zizanys
ante messem. Quod si Helueticas Ecclesias consensisse in mortem Serueti dicit: Respondent eas
non potuisse esse judices cum essent reæ. Nam
eas, vna cum Geneuensi reprehendebat Seruetꝰ.
Deinde mirantur Caluinum cum eis Ecclesijs in
alterius mortem conspirasse, quarum doctrinam
alias damnauit. Nam in Libello gallico de coena
damnat aperte Zwinglium, Oecolampadium,
vna cum Luthero eosque errasse dicit. Quod si in
Coena errarunt, possunt & in persecutione errare. Alterum est quod Caluini opera interfectꝰ est,
nam hic vt inimicū suum posset opprimere, sub-
ornauit accusatorem ex culina sua, hominem
Serueti, & Seruetanarum quæstionum ignarissi-
mum, hoc vero tam longé a Christi natura abesse
ajunt, quam abest a coelo tellus, venit enim Christus non vt perderet, sed vt seruaret. Tertium est
quod tam crudeliter interfectus sit, cum tamen
supplex gladium petierit, Hęc crudelitas inaudita suspicionem gignere posset, quasi Geneuenses
velint in gratiā redire cum Papa, & facto ostendere, se ab ipso non abhorrere, quamuis verbis in
eum debachentur. Quartum quod ad interficien-
dum eum conspirarunt Euangelici, cum Papistis,
vnde fuit qui putant sic inter eos coire amiciti-
am, quomodo inter Pilatum, & Herodem coijt,

in Christi supplicio. Quintum est quod Serveti Libri cremati sint, id quod (sicut & cætera) videntur a Papa didicisse. Et quidem si vera est doctrina Calvini, de Predestinatione, & Electione, non fuit quod metuerunt ne quam seduceret Servetus, si idem electi, seduci non possunt. At si peccata fiunt necessaria, & cogente Deo, non poterat Servetus non facere, quod fecit, nec poterant Calviniani non decipi, si futurum, vt decipiantur, nec decipi, si futurum est vt non decipiantur. Sextum crimen est, quod mortuus, Servetus insuper publice in concionibus damnatus est, ad æternum supplicium, & ita damnatus, vt qui sententiam Farellum detonare audiverint, dicunt se toto corpore atque animo horruisse. Septimum crimen est, quod in eum jam extinctum, scribere videtur Calvinus, id quod simile videtur illius facti Iudæorum, qui mortuo Christo, petierunt a Pilato (Chirstū impostorem appellantes) vt ejus corpus custodiretur: Sic Calvinum formidare ajunt, ne Serveti corpus, clam tollatur (id ne fieri possit Calvini diligentia prospectū est) sed ne cineres loquantur. Alias, si volebat in eum scribere, debebat eo vivente scribere, vt ei respondendi esset potestas, quod etiam latroni permittitur.

Combustus est Servetus Aº 1553. die 27. Oct.

Cum principio Evangelium doceret Genevæ Gulielmus Farellus, & Petrus Viretus, supervenit ex Gallia Ioannes Calvinus, & a Farello ascitus, cœpit & ipse docere: Interea oritur dissidium inter concionatores, & cives, quod cives volebant sibi cœnā administrari pane non fermentato, ut in eo cum Bernensibus convenirent: Concionatores autem fermentato. Erant menrum in Vrbe duæ factiones, quarum altera Duce Ioanne Philippo, concionatoribus adversabatur, altera favebat, Duce quodam Balthasare. Cum illa plus valeret, fit Senatus-consultum, ut Concionatores urbe eijcerentur, nisi parerent. Ita ejecti alij alio, Calvinus Argentinam venit, & ibi Theologiam profiteri coepit. Interea Iohannes Philippus propter homicidium securi feritur; Ita plus valente altera factione, mittuntur Argentinam nuncij, qui Calvinum revocent: ægro exoratus tandem Genevam redijt, omniumque primum curavit ut res innovaret. Primum formulam scripsit Baptismi, & Precum, repudiata ea quæ ibi tum habebatur; Deinde *novum Catechismum* dedit. Postea instituta Genevensis Ecclesiæ scripsit, & ea a Senatu facienda curavit, itaque ita consistorium erexit. Concionatores quos ibi invenit, & duos Ludimagistros, singulatim, alios alijs de causis ejecit, excepto amico suo Vireto. Psalmorū cantationes in templis instituit, certisque dieb⁹ certos Psalmos canendos assignavit. Diem Mercurij dimidia ex parte festū fecit, ut ibi ante meridianam concionem tabernas aperire non liceat, sub poena pignorationis. Diem Natalis Christi fecit profestum, libellos aliquot scripsit, quibus in Galliam cæterasque terras dimissis, multos mortales Genevam pellexit, docens, eos sub Papa salva conscientia vivere non posse. Magistrat⁹ semper coluit, & potentissimorum quorumque amicitijs maxime floduit, his fretus adversarios domuit. Modo in jus vocando, modo pro suggestu, impunissime invehendo, Quosdā exilio, alios vinculis mulctavit, multos a se veniam suppliciter petere coegit.

coëgit. Denique eo proceſſit, ut cum aliqui murmuraſſent in eum, nonnulli per Gervaſianis (eſt autem Gervaſium altera pars urbis) poſtridie erectum fuerit in medio foro patibulum, in pœnā ſi quis inutire auderet. Quiſquis Calvino diſplicet, ſciat ſibi pereundum eſſe, niſi deſint Calvino vires. Sed illud peſſimum eſt, quod Calvinus mendacijs facile credit, nec nullum diluendis Locum det? Qui eum offendit is impius, is atheus, is Epicureus appellatur. Qui ab eo ulla in re diſſidet, is Hæreticus eſt, & ita denigratur, ut ſi quis cum eo colloquatur Chriſtianus non ſit. Qui illuc confluunt, Galli imprimis docentur abhorrere ab Hæreticis, Hoc eſt inimicis Calvini: Cuiuſmodi ſunt Faleſius, Hieronimus Medicus, Andreas Zebedeus, Marandus, Marcolfus, Caſtalio, Calius, & cęteri: Cum his hominibus colloqui peccatū eſt mortale. Atque hęc omnia fiunt, ſub Chriſti titulo. Cæterum eſt homo laborioſus, acuti ingenij, (niſi ſæpe odio, aut amore ſui cæcaretur) memoria tenaci ſtrennuº, irrequietº, qui Concionatoris, Senatoris, & lectoris, & Scriptoris, munera unus obeat: Et fere omnibus, omniū præſertim divitum, ac potentū, ac doctorum negotijs, & contractibus interſit, & omnia agit. Colitur maxime a nobilibus, & divitibº, & eos viciſſim colit, & ita potentiā ſuam confirmat, adeo ut ſit ipſis etiam Senatoribus formidabilis: cum pauperibus non multum ei eſt negoti, quū pleriq́ue ei ſint ignoti. Hominē ita depingere volui, ut quoniā ipſe ſibi vendicat ſummā ſacrarū literarum cognitionem, & hac re multos decipit: conſideret homines, ſit ne credibile, *Deum* in huiusmodi animam infudisse arcana sua, cum ea soleat potius humilibus & paruis aperire, & celare mundi Sapientes.

Nescire multi hodie videntur *Chrstum* Hebraicé, Grecé, & Latiné fuisse crucifixū: an non videtis hodie quoque, eos solos, solos inquam eos, qui illarum trium Linguarū cultores sunt, Authores esse persecutionum?

Admonitio ad Lectorem

Cum sectione 22, & 32, Libelli hujus dictum, & demonstratū sit, compluribus in locis a Calvino ipso damnatam, ac rejectam consuetudinem gladio coercendi Hæreticos, & doctrinas hominum examini cujusuis subtrahendi, non abs re fore judicavi, si præter ea quæ illis locis a Castellione adducta sunt, nonnulla alia ex eiusdem Calvini Scriptis testimonia, hoc loco subjungerem: quo facilius æquus Lector perspiciat, non semel atque iterū, sed sæpe & constanter, vi veritatis adactum, ea improbasse, quæ postea proprij commodi & honoris causa probare & propugnare studuit.

Adjecimus eadem opera theses quasdam Theologicas, desumtas ex disputatione quadam de Homicidio legittimo, ad explicationem Sexti præcepti Legis, typis vulgatam, atque ad disputandum propositam. Theologiæ Studiosis, &. S. ministery candidatis in Collegio Theologico, quod est Lugduni Batavorum Anno 1662: quæ cum Breviariū quoddam sint, prolixæ Disputationis. The: Bezæ de puniendis a Magistratu hæriticis, satis luculenter ostédunt, quam satagant quidam, ista opinionum monstra in Ecclesias hasce invehere, cum eam Illust.

D. D.

D. D. Ordinum Hollandiæ alumnis, qui ad Ecclesiæ ministerium præparantur, in Gymnasijs publicis, non voce modo, sed editis etiam Thesibus instillare non dubitarint.
Denique mantisę veluti loco addidimus, Paucula ex annotationibus Seb: Castellionis in novum Testamentum, ejusdemque in suam vtriusque Testamenti translationem, ad Regem Angliæ præfationem: cum & illa huc facere viderentur. Tu benigne Lector,
si quid nosti rectius istis,
candidus imparti,
si non, his vtere
mecum.

Loca

Loca quædam ex scriptis Iohannis Calvini desumpta.

I

Nos operam demus, & quantum possumus laboremus, vt vas aureum vel argenteum simus. Cæterum fictilia vasa, confringere, solius Domini est, cui & virga ferrea data est: Nec quisquam sibi quod proprium est soli filio, vendicet, vt ad aream ventilandam, & purgandam paleā sufficiat, zizaniaque omnia humano judicio segreganda. Superba est ista obstinatio, & sacrilega præsumptio quam sibi furor prauus assumit. Instit: viij, sect. 20. Idem Cijpr: Epist: Lib: iij. Ex. iij. pag: 77.

II

Istæc vero quam diximus, Ecclesiæ potestas si cū ea conferatur, qua se aliquot jam seculis, in populo Dei venditarunt spirituales tyranni, qui Episcopos se, & religionis Presules falso vocarunt: nihilo melior erit consensus, quam Christo cum Belial.

Neque hic mihi propositum est exponere, qualiter & quam indignis modis suam tyrannidem exercuerint. Tantum referam Doctrinam, quam scriptis primum, deinde ferro & igni hodie tuentur. Instit: viij. sect. 146.

III

Erit vicarius Christi, qui furiosis conatibus Evangelium persequendo, Antichristum se palam profitetur.

Erit

Erit Petri succeſſor, qui ad demoliendum, quicquid ædificavit Petrus, ferro & igni graſſatur? Inſtit: viij. Sect. 129.

IIII.

Pellitur e medio ſapientia dum vi res geritur. Calvinus, Præfa: in Actis Apoſto: Ad regem Daniæ.

V.

Negat enim id Epiſcopale eſſe, fidem & Eccleſiæ ſuæ armis tueri. Inſtit: viij. Sect. 181.

VI.

Quos enim tanto muneri deſtinavit Dominus, eos prius ijs armis inſtruit, quæ ad implendum requiruntur, ne inanes atque imparati veniant: Hæc ſunt arma illa Spiritualia, potentia Deo ad munitionum demolitionem: *2. Cor. 10. 4. 5.* Quibus conſilia demoliantur fidi Dei milites, & omnem celſitudinem, quæ extollitur adverſus cognitionem Dei, & captivam ducant omnem cognitionem ad obediendum Chriſto. En ſummam poteſtatẽ, qua Eccleſiæ paſtores, quocunque demum nomine vocentur, præditos eſſe convenit. Nempe ut verbo Dei confidenter omnia audeant: Eius majeſtati omnem mundi Virtutem, Gloriam, Sapientiam, Altitudinem cedere atque obedire cogant: Eius potentia fulti, omnibus a ſummo uſque ad noviſſimum impeſent: Chriſti domum ædificent, Sathanæ *Moriatur error: vivat homo. Auguſt.* ſubvertant: Oves paſcant, *Lupos interficiant*, dociles inſtituant & exhortentur, rebelles & pervicaces arguant, increpent, ſubigant: Ligent ac ſolvant: Fulgurent denique ſi opus eſt, ac fulminent: *Sed omnia in verbo Dei* &c. viij. Sect: 145.

VII.

VII.

Neque enim consentaneum est, ut qui monitionibus nostris obtemperare noluerint, eos ad Magistratum deferamus. Instit: viij. § 171.

VIII.

Quoniam pro confesso sumunt, vniuersale consilium, esse veram Ecclesiæ imaginem: Hoc principio sumpto, simul absque dubio statuunt regi immediate a spiritu sancto ejusmodi concilia, ideoque errare non posse: cum itaque ipsi (spirituales tyranni) concilia regant imo constituant: reuera sibi vendicant, quicquid contendunt debere concilijs. *Fidem igitur nostram suo arbitrio stare volunt, & cadere:* vt quicquid ipsi vtramque in partem constituerint, firmum animis nostris statumque sit, ut siue quid probauerint, ipsū nobis nulla dubitatione probari: Siue quid damnauerint, id quoque pro damnato esse oporteat. Interim sua libidine, contemptoque verbo Dei, cudunt dogmata: quibus postea fidem hac ratione haberi postulant. Nec enim Christianum esse, nisi qui in omnia sua dogmata, tam affirmatiua, quam negatiua, certo consentiat: si non explicita fide, tamen implicita, quia penes Ecclesiam sit, *condere novos fidei articulos*. Instit. viij. 146. — *Confess. Catheck.*

IX.

Sed hoc quoque ex aduerso operę pretium est videre, quis fuerit olim verus vsus Ecclesiasticę Iurisdictionis, & quantus abusus obrepserit, ut sciamus, quid abrogandū sit, & quid ex antiquitate restituendum, si volumus euerso regno Antichristi, verū Christi ti regnum iterum erigere. Primum hic scopus est, ut scandalis obviá eatur, quod si quid scandali exortum sit aboleatur.

In usu duo sunt consideranda: Vt a jure gladij prorsus separetur hæc spiritualis potestas: *1.Cor.5.* Deinde ne unius arbitrio, sed per legittimum confessum administretur. Vtrunque in puriore Ecclesia observatû fuit. Neque enim vel mulctis, vel carceribus, vel alijs civilibus pœnis potestatem suam exercuerunt sancti Episcopi, sed solo Domini verbo, ut decebat vsi sunt. Severissima enim Ecclesiæ vindicta, & quasi ultimû fulmen, est excommunicatio, quæ non, nisi in necessitate adhibetur. Illa porro nec vim, nec manum desiderat: Sed verbi Dei potêtia contenta est. Instit: viij. §. 172.

X.

Quanquam inter Apostolos, & eorum successores, hoc, ut dixi, interest, quod ij fuerunt certi, & authentici spiritus sancti amanuenses: & ideo eorum scripta, pro Dei oraculis habenda sunt: Alij autem non aliud habent officij, nisi ut doceant, quod sacris scripturis proditum est ac consignatum.

Confessio Cathechismus. Constituimus igitur, non esse jam fidelibus relictum, ut novum aliquod dogma excudant, sed simpliciter inhærendum esse doctrinæ, cui Dominus omnes sine exceptione subjecit. Hoc cum dico, non tantum ostendere volo, quid singulis hominibus liceat, sed quid etiam vniversæ Ecclesiæ. Quantum ad singulos attinet: Paulus certe Corinthijs ordinatus erat a Domino A-
5.Cor.1. postolus: fidei tamen eorū se dominari negat.
33. Quis jam dominiû sibi arrogare audeat, quod
sibi

sibi non competere testatur Paulus? Quod si 1.Cor.14 hanc docendi licentiam agnovisset, ut quicquid 29.30. tradiderit pastor, in eo certam sibi fidem haberi postulet: Nunquam hanc disciplinam tradidisset ijsdem Corinthijs, ut loquentibus Prophetis duobus, aut tribus, cæteri dijudicarent, quod si alicui sedenti revelatum esset, primus taceret. Sic enim nemini peperceit, cuius authoritatem, verbi Dei censuræ non subijceret. At de universa Ecclesia, dicet quispiam, alia ratio est: Respondeo: Paulum huic dubitationi alibi occurrere, cum dicit fidem esse ex auditu: Au- Rom. 10. ditum autem ex verbo Dei. Scilicet, si a solo Dei 17. verbo pendet fides, si in illud solum respicit & recumbit, quis jam totius mundi verbo locus relinquitur? Neque hic hæsitare poterit, quicūque bene noverit quid sit fides. Eam enim firmitudine subnixam esse oportet, qua adversus Satanam, & omnes inferorum machinas, totumque mundū invicta & intrepida consistat. Hanc firmitudinem non nisi in vno Dei verbo reperiemus. Deinde vniversalis est ratio, quam hic respicere convenit: Deum idcirco adimere ,, hominibus, proferendi novi dogmatis faculta- ,, tem, ut solus ipse nobis sit in spirituali doctrina ,, magister: vt solus est verax, qui nec mentiri, nec ,, fallere potest. Hæc ratio non minus ad totam ,, ecclesiam quam ad vnumque fideliū, pertinet. ,,
Instit: viij. § 145. **XI.**
Vnde sequitur omnes humanas doctrinas suā immunditiem redolere. Nihil enim purum, nisi quod a Deo profectum est: Calv. In Esai: Comm: 6. 5. **XII.**
Habent Moysē & Prophetas. Luc. 16. 29. Etsi Lex & Prophetæ non sufficerent, Deus alia adjumēta

non denegaret. Hinc agnoscimus, omnia quæ Dei verbo adduntur, damnanda, & reijcienda esse. Dominus enim nos omnino a verbo suo pendere, eoque contentos esse voluit. Si igitur alijs prębemus aures magnam ipsi injuriam facimus. Cal: Comt: in Elai: viij.20. Item Bęsa in Confess: Chr: fidei.cap:4.sec:6.

XIII.

Sed quoniam est nemo, qui non aliqua ignorantię nubecula obvolutus sit: aut nullam relinquamus Ecclesiam oportet, aut hallucinationem condonemus in ijs rebus, quæ & inviolata religionis summa & citra salutis jacturā, ignorari possint &c. Interim si nitimur emendare quod displicet, facimus id ex officio nostro. Et huc pertinet illud Pauli: Si melius quid sedenti revelatum fuerit, prior taceat. Vnde constat, singulis Ecclesię membris demandatum, publicę ędificationis studium, pro mensura gratię suæ: modo decenter & secundū ordinem. &c, Inst: viij.sect.13.

XIIII.

Le regne de Sathan ne peut consister, ou vn chacun a Franchise & liberté, de mettre en avant son opinion, touchant le faict de la religion. Acontius. lib. vj. fol: 215. L'empeschement de ceste liberté est satanique. Idem. Lib: vj. fol. 216.

XV.

Donques ce chois est presenté aux pasteurs, s'ils aiment mieux, par la liberté, souffrir toutes ces difficultés, & que la vraye cognoissance demeure en l'eglise: ou de viure en repos, & ouvrir la fenestre a ignorance. Idē Lib. vj fo:223.

Ex

Ex disputatione de homicidio legittimo tijpis vulgata, atque ad disputandum
propositain Collegio Theologico,
Illustr: D. D. Ordinum Hollan-
dię, & Westphrisię, Anno
M.D.C.II.
Thesis, V.

DE Idololatris porro, Hęriticis, & Blasphemis in Deum, major hodie ventilatur quęstio: Sed tamen quia tam expressè Deus eos è medio tolli pręcepit, quicunque ex Populo Dei alienos coluerint Deos, vel populum ad falsos Deos seduxerint, vel nomen divinum blasphemè usurpaverint, omnino cum. S. literis, quicquid humana contra strepat ratio, sentiendum judicamus.

VI.

Verum cautio hic diligens adhibenda erit: Non enim quilibet Idololatra, aut Hæriticus, aut Blasphemus in Deum, ejusque cultum, ultimo supplicio a Magistratu puniendus est, vt Leges docent, ratio & vsus persuadent. Nam qui his vitijs est inquinatus, is aut occulte & clam, aut manifistè & palam peccavit. Qui occultè & privatim, is minimè Magistratui poenas tenetur dare, quoniam de his cognitio pertinet, non ad Forum (vt loquuntur) humanum, sed ad celestis tribunalis Presidem, qui solus occultorum cognitor, eoque & solus Iudex est. Qui manifestè verò & publicè, is continuo etiam non plectendus morte, sed vivus (ex arbitrio tamen Magistratus, pro rei circumstantia castigatus) dimittendus

tendus: Nempe si non, 1°. data opera sponte, sciensque peccaverit. 2° de hoc crimine antea fuerit accusatus 3°. monitus, obstinatè scelus sceleri cumulans, in vijs impijs perrexerit ambulare. 4°. Ecclesię pacem turbare fuerit conatus 5°. Alios ad idem factum sollicitaverit.

VII.

Quo autem melius constet, quisnam morte dignus Idololatra, Hæreticus, Blasphemus sit judicandus, singulorum definitionem proponem°: deinde qui tales reperiuntur, quales descriptio exigit, eos occidendos esse, rationibus ex jure divino, humanoque ex saniorum hominum testimonio petitis probabimus.

VIII.

Capitali supplicio dignus *Idololatra* est, qui palam, data opera, neglectis admonitionibus, obstinate vt turbet Ecclesiam, & alios seducat, vice vnius veri Dei, fictum aliquem habuerit, aut præter vnum illum, creaturam aliquam, ipsi quasi socium adjungens coluerit, aut denique verum quidem Deum solum, sed non legitimo in sacris literis præscripto modo, honoraverit. *Hæreticus* est, qui ab Ecclesia, cuius se membrū externa professione antea declavarit, seipse separans, errorem fundamentis fidei, & Propheticæ Apostolicęque doctrinæ in scripturis traditæ adversantem tuetur, de quo tamen sæpe, & rite admonitus convictusque ex verbo Dei, tam publice quam privatim contemtis admonitionibus non vult desistere, nec veritatem in scriptis Apostolorum & Prophetarum revelatā agnoscere: sed potius invicta & pertinaci impietate ei resistens, Ecclesiæ pacem & concordiam am lacerare contendit, stæque perfidiæ ludum publicè & privatim aperiens, pestiferi dogmatis factionem, & gangrænam scriptis concionibusque suis, quantum in se est, vel in ecclæsiam Dei invehere, vel ab alijs invectam fovere.

Blasphemus est qui publicè deliberato animo, neglectis admonitionibus præfractè, vel maledica lingua, contumeliosè de Deo vero, indignum quippiam effutit, tum tribuendo ei, quod ipsi non competit, tum adimendo quod ei proprium est; tum transferendo in creaturam, quod est Dei solius; vel facto impio, cultum divinum verū impedit, conculcat, aut impedire, & conculcare conatur.

X.

Quicunque igitur alicuis horum criminum, eo quo diximus modo, reus fuerit deprehensus, eū a Magistratibus morte puniendum esse, his rationibus nixi demonstramus. 1. Quia vox Dei imperavit, quicunque sacrificat Dijs, præterquā Domino soli exscindetur¹. alibi. Propheta qui præsumserit loqui verbū in nomine meo, quod ut loqueretur ego non præcepi, aut qui loquitur in nomine alienorum Deorum, morietur talis Propheta.². Rursum, qui maledixerit Deo suo, feret peccatum suum, qui blasphemaverit nomē Domini morte mulctetur, omnino lapidib⁹ obruet eum universus cætus, sive indigena fuerit sive incola.³. Quia isti qui illos occiderunt in S. Scriptura à Deo laudantur. Exemplo sunt Moses.⁴. Asa.⁵. Iosias.⁶. Iospahat.⁷. Ezechias.⁸. Quin & cum Magistratus officium non faceret, in delendis falsis Prophetis, Deus Heroas suo spiritu excitavit, qui officio Princi-

¹ *Exod.* 22.20.
Deut. 17 3.
² *Deut.* 18.20. 13.5
³ *Levi.* 24.14. *Mat.* 26. 65.
⁴ *Levit* 32.27.
⁵ *2. Par.* 14.15.
⁶ *2. Reg* 23.20.
⁷ *2. Par.* 17.17.
⁸ *2. Reg.* 18.3.

pum

¹ 2. Reg. psi in oppugnandis ijs fungerentur, ut in His-
10. 25. toria Iehu ² & Eliæ ¹ ² legere est. III. Et ne quis
² 1. Reg. calumnietur moris id tantum fuisse in populo
18. 40. Israelitico sub lege, sed a viris pijs post adventum Christi non factitatum, is diligenter Pau-
li diabolo tradentis Hijmenæum, & Alexan-
⁴ 1. Tim drum ¹ ¹ & excæcantis Elymam Magum ¹ ² &
1. 20. Petri occidentis Ananiam & Saphyram ¹ ³ fac-
¹² Act. tum perpendat. Quod si Petrus tales morte,
13. 8. Paulus ex cæcatione & traditione Sathanæ ju-
¹³ Act. 5. ste puniverit (quod omnes pij sentiunt, & jure
credunt) cum tamen ipsis gladius non esset tra-
ditus: quid de Magistratu dicemus, qui gladium
a Deo ad id accepit, ut exorbitantes à lege Dei
castiget, si aperte factiosos, Ecclesiæ conturba-
tores, desperatos Apostatas, & publice a Deo
ad cerebri suifigmenta multos seducentes, non
puniverit? Etenim quamvis sua poena delere
non possit animi opinionem, neutiquam tamen
ferre debet pestilentem, & impiam professionem.

X.

IV. His adde primitivæ Ecclesiæ Principes
pios: Constantinus non tantum Arrianos, &
¹ Idololatras interfici voluit, sed eorundem etiam
libros cremari, & præfectos qui id facere ne-
¹ Niceph glexissent capite plecti: ¹ Idem jusserunt Theo-
Eccles. dosius, Valentinianus, Gratianus, Martinianus,
hist. lib. Honorius, Iustinianus Imperatores ². V. Quin
8. cap. 38 quod & illi quoque, qui neque verum Deum
& 25. cognoverunt, neque de legitimo ipsum colen-
² c. L. 1. di modo, quidpiam inaudiverunt, solummodo
& 4. 5. instinctu naturæ eos occidendos judicaverunt,
qui in publice recepta religione, quidquam im-
muta-

mutarunt: Testis est nobis mors Theodori A-
thei, protagoræ Abderitis, & magni Socratis,
quem cum Melites accusaret *Asebeias*, his
literis actionem concepit *Adikai Sokrates, Hous*
be polis nomizei Theous hous nomizon, hetera de de-
monia kena eisegoumenos.³ Athenienses quoque
ut judicarent quantopere ad fidei salutem pertineret si Deorū derisores tollerentur: Sanxive-
runt ut ei etiam qui cunque aliquem *Asebeias*
accusasset, nisi reum peregisset, capitale hoc
foret. 4.

3. *Laer.*
in vita
Socras.

4. *Pollux*
Lib: 8.

XI.

VI. Accedit denique ratio, quæ dictat crimen pro dignitate objecti gravius leviusve esse: Ideoque cum Idololatra, Hæreticus, Blasphemus, quales descripsimus, primario peccant
in Deum, objectum præstantissimum: deinde
in Ecclesiam cuius pacem turbant, & ipsorum
crimen publicum sit, in omnium injuriam factum ut leges adserunt ² tum propter objecti
dignitatem tum propter gravitatem criminis,
minime ipsis parcendū esse ratio persuadet ut
temporalis saltem poena corripiat, quem Spiritualis non correxit disciplina ³: ne ex neglectu
tales puniendi, homines alij qui a natura ad
malum sunt proni, eiusdem delictis & im-
pys actibus assuefiant. Nam ubi
maior est venia, illis maior
pullulat delictorum
Copia.

1. *ff. 45. 4*
19. Lib:
19. § per-
sona.

2. *C. L. 1.*
t. 5. Lib.
Manich-
æos.

3. *Dest:*
Greg. lib
5. 4. 7.
Ca. 3. 10.

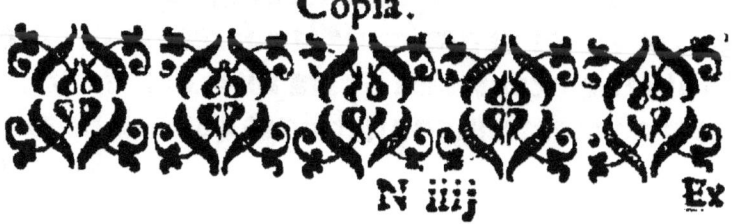

Ex annotationibus in secundam ad Corinth,
Cap. 10.

Arma Christianorum.

Arma enim militiæ nostræ non carnalia sunt, sed divini potentia. Pauli militia erat oppugnare & deturbare cogitationes hominum: hoc est, tanta virtute loqui & docere, ut hominum animi rei veritate victi, cogerentur ita cogitare: Vera dicit, & quæ refelli nequeunt. Ad eam spiritualem pugnam utebatur telis non carnalibus, sed spiritualibus: ut enim insanus sit, si quis gladium aut missile velit vincere cogitatione, sic insanus sit si quis cogitationem velit vincere gladio. Atqui Christiani præconis virtus posita est in vincenda cogitatione, ex quo consequitur, eum non posse uti nisi ijs telis, quibus vinci possint cogitationes hominum. Exemplum habemus in Nerone: Is Græciā peragrans, edebat obibatque ipsemet certamina musicæ: si alios musicos vincebat, coronabatur: hoc erat legittimum certamen: sin ab eis vincebatur, curabat ut interficerentur: hoc vero non erat musicum vincere, sed hominem occidere: Qua inepta iniquitate illud consequebatur, ut hominum ficta voce, tanquam victor in præsentia laudaretur: & cæteri Musici deinceps data opera male canerent, ne eum offenderent, cogitationes quidem hominū

(quam-

(quamvis princeps esset omnium potentissimus) non vincebat, quin eum pro insano & illi tunc haberent, & nos nunc habeamꝰ. At cæteri musici, qui eum artis peritia superabant, vincebant non solum aliorum, sed etiam ipsius Neronis cogitationem, ut ita eius animus, quamvis invitus, loqueretur: hij melius canunt quam ego. Similiter accidit & in Religione. Disputatur de multis rebus: si quem verbis vincimus, coronamur: & hoc est legittimū certamen: Si quis a nobis vinci non potest, hæreticus appellatur & interficitur: Hoc vero non est hæreticum vincere, sed Hominem occidere: qua inepta iniquitate illud consequimur, ut in præsentia ficta hominum voce victores pronunciemur, & cæteri deinceps minus benedicant quam possent, ne pereant. Cogitationes quidem Hominum (quamvis potentes simus) non vincimus, quin nos pro insanis, & nunc qui cœci non sunt, habeant, & postea habituri sint, atque ita de nobis judicatur, ut nos nunc de Nerone & cæteris Christianorum persecutoribus judicamus. Nihil enim tam tectum est, quod non sit detegendum. Promisit Deus obedientibus virtutem tantam, ut vnus centum, & centum decem milia fugare possint. Sic pugnavit Paulus qui vnus poterat divinis illis suis armis deturbare non centum, sed omnium hominum cogitationes.

At nunc centeni singulos interficimus, & Christum carnalibus armis defendimus, ut intelligatur nos armis carere spiritualibus, & rursum Redemptorem Chistum habere carna-
lem

iam. Si enim Apostoli, qui nobis ecclesiam plantaverunt, contenti fuerint armis spiritualibus, apparet eos, qui carnalia adhibēt, non satis confidere spiritualibᵘ: Quibus tamen confiderent, si ea haberent quippe quę sunt ōnipotentia ut apparebit in adventu Domini, qui Antichristū, id est Christi hostem summum non alijs armis debellabit, quam spiritu oris sui. Scriptum est: Tabernaculum factum esse ex populi donis ultro oblatis, nemine coacto. Quod idem de ecclesia intelligendum est, ut patet in Psal. 110. In quo dicuntur Christi copiæ esse voluntariæ. Itemque in lege, in qua jubetur, vt timidi discedant, ne in acie cęterorum animos emolliant. Sic est gerendum bellum Christi militibus voluntarijs, sed solo Dei verbo coactis: aliter qui militant, alij quam Christo militant. Itaque ostendit eventus moresque nostri, quis sit fructus coactę militię.

Exo. 35.

FINIS.

Ex annotationibus in primam Episto: ad Timoth. cap. I.

MEndacibus, perjurijs, & si quid aliud sanæ Doctrinæ contrarium est. Hic animadverte lector, quid sit sana doctrina: Ea est videlicet, quę animi morbos, hoc est, vitia sanat, vt si quē videas ex mendaci, veracem, ex contumaci obedientem, ex libidinoso castū esse redditum, non debeas dubitare, quin quæ Doctrina eos morbos sanaverit, ea sana sit: Nam insana sanare animos non potest, non magis quam insana medicina corpus. Rursum quæ Doctrina animos eorum, a quibus admittitur, non sanat, sed aut tales relinquit, quales invenit, aut etiam superbiores reddit & dissolutiores, ea quin insana sit, nemo sanus negabit.

Sana Doctrinæ Argu. 12 9.

Ex Libro defensionis Sebast. Castellionis contra Theodorum Bezam.

Tit: 3, Super Hæretici vocabulo hæc verba scribit: Quidam, cui dicitur Hęreticus qui cunque, pertinax est, *Heretikon*, pertinacem convertit; Quem locum ego jam sic correxeram, Sectarium hominem; Et in margine hæc verba adscripseram: Vitiosę sectæ addictum. Ipse autem quem vocet Hæreticum, peti jubet ex Act. 5. 17. Vbi Hæreticum definit his verbis: Hæretic' is dicitur, qui à recepta Ecclesiæ doctrina ita aberrat, ut contempto Dei & ipsius ecclesiæ judicio in sententia permaneat & Discipulis

pulis afcitis, ecclefiæ concordiam violet.

Hanc ego definitionem quo minus approbare poſſim, multæ cauſæ ſunt. Primo, quia cōpoſita eſt, cū ſit rei ſimplicis: Complectitur enim primo diſſidentem, deinde contumacem, tertio pertinacem, quarto magiſtrum, quinto factioſum. Ad quas quinque res definiendas totidem adhiberi oporteret definitiones. Deinde quod dicit: a recepta doctrina, rectius (meo judicio, diceret: a ſana doctrina.

Quid enim ſi ipſa eccleſia hæreſim reciperet (id quod & Chriſti tempore fecerat eccleſia Iudæorum, & vtinam poſtea, nunquam feciſſet eccleſia Chriſtianorum) an diſcordare nefas erit? Tertio, quia tantū magiſtros conſtituit hæreticos; Diſcipulos excludit: Dicit enim: Diſcipulis aſcitis. Quid igitur ipſi diſcipuli? an non erunt hæretici? Solus ergo Nicolaus erit Hæreticus? Nicolaitæ non item? Iam pertinaciam cur adjungit definitioni ſuæ, quā in mea prima tranſlatione non immerito repudiat? Poteſt enim aliquis hæreticus eſſe, & tamen non pertinax: ſicut Paulus ante cognitum Chriſtum hæreticᵉ erat, videlicet Phariſæus, & tamen non permāſit in errore. Poſſem plura ejus definitionis vitia commemorare: ſed ea ex ijs quæ dixi facile eſt perſpicere: quæ quidem gravem ob cauſam adduxi.

Nam etiam a ſimili hæretici definitione deduxit diſputationem ſuam in Libello, quem conſcripſit, de hereticis a civili Magiſtratu puniendis: Ex quo facile eſt conijcere quam veram

ram esse credendum sit de tanta re ejus sententiam, quæ a tam falsa definitione proficiscatur. Ite nunc Principes, & sanguinem secundum ejus Doctrinam fundere properate.

Hæretici definitio vera.

Enimvero hereticus is proprie est, qui est ab aliqua heresi, hoc est, Secta: diciturque qua forma Academicus, Peripateticus, Platonicus. Sed quemadmodum valetudo pro mala valetudine: & in sacris litteris Gentes pro profanis gentibus (unde Ethnici nomen ortum est) dicuntur: Ita & hæresis a Paulo pro vitiosa secta ponitur: Vnde hæretici nomen deduxit, quo eum indicavit, qui vitiosam sectam sequitur, sive is sit pertinax, sive non sit: sive admonitus, sive is sit pertinax sive non sit sive admonitus, sive secus: sive Discipulos ascivit, sive est ipsemet discipulus.

Quod autem hæreticum vitari jubet Paulus, non ob hæresim jubet, sed ob pertinaciam in hæresi: id quod judicat cum dicit: Post unam aut alteram admonitionem.

Atque hanc ob causam ego principio hereticum transtuleram, pertinacem, magis in Pauli de pertinaci hæretico Sententiam intentus, quam in vim vocabuli, quam discussi postea diligentius.

Iubet igitur Apostolus Paulus, hereticum non evitari, præsertim Tito, hoc est, magistro: sed admoneri potius ac doceri. Quod si postea pertinacem deprehenderit, evitet: sicut & ebriosum, Blasphemum aliosque flagitiosos

Hæretici definitio vera.

sos evitare debet, si admonitionibus non obtemperent. Illud addam quod Paulus Hæreticum illum pertinacem vocat *Aftokatakriton*, hoc est, a se ipso damnatum, non sic (meo quidem judicio) accipiendum esse, quasi ille sciens volensque seipsum damnet, contraque conscientiam peccet, vt docent quidam, qui hęreticos malitiose ad præfracte peccare dicút, quamvis id negent, ad mortem vsque pertinaces. Si enim ad mortem vsque negant, quis id vobis post mortem ipsorum testari potuit? Num in ipsorum corda (quod solius Dei est) penetrastis? Sed similis mihi videtur hęc locutio illi. Eo ipso quo alterum damnas, teipsum condemnas, hoc est, condemnatione dignum esse ostendis. Neque enim scientes volentesque seipsos condemnant, qui alios damnant.

Item illud: fœlix qui seipsum non damnat, in eo quod probat, hoc est, qui in eo, cujus cognitionem habet, quodque approbat, ita se gerit, vt nihil committat, quamobrem sit damnandus. Sed illud longe apertissimum: Quia divinam doctrinam reijcitis, neque vos sempiterna vita dignos judicatis, scitote nos ad gentes converti. Neque enim profecto indignos se scienter judicabant Iudæi sempiterna vita; Sed ita se gerebant, vt se ea indignos inpræstarent. Sic hoc loco Hæreticum illum pertinacem a Paulo *Aftokatakriton*, ideo dici arbitror, quia ea faciat quibus seipsum damnatione dignum prębeat. Nam profecto errori sæpe credunt hæretici, deo illis (quia veritatis amoré non admiserint) tantam vim erroris mittente, vt credant (inquit) (animaduertatur hoc verbú) mendacio.

De

De filijs carnis & filijs Spiritus.

Quemadmodum tunc is qui secundum carnem natus erat, persequebatur eum qui natus erat secundum spiritum: Ita & nunc. Sed quid dicit Scriptura? Eijce Ancillam & Filium eius: Non enim haeres erit filius Ancillae cum filio Libera. Gallat. 4.

Perpende hæc verba Pauli Lector. Ismael natus secundum carnem, persequebatur Isaacum natum secundum spiritum. Ita & nunc carnales persequuntur spirituales. Nec aliter fieri potest. Vt enim Isaacus, quia junior, & ideo infirmior erat, Ismaëlem persequi non poterat: ita nunc Christiani, quia post Antichristianos nati & imbecilliores sunt, non possunt, Antichristianos persequi: atque hoc ipsum multis alijs exemplis significatum est; Nam neque Abel Cainum, neque Noa Gigantes, neque Lothus Sodomitas, neque David Saulem, neque Prophetæ falsos prophetas, neque Christus aut Apostoli Scribas & Pharisæos persequuti sunt, sed contra. Quod si qui facere potuerunt, tamen non fecerunt vt David: quem cum Saulus tanquam pulicem aut tanquam perdicem per montes persequeretur, David nactus eum semel atque iterum præsidio destitutum, potuit interficere, sed noluit. Sic hodie pij sunt tanque pulex quidam, quem persequuntur impij. Quod si quando accidit, ut impijs nocere possint, tantum abest vt noceant, vt etiam prosint, & eorum saluti studeant: Hoc enim a suo Davide didicerunt: sicut illi a Saulo patre suo eis nocere didicerunt, a quibus beneficia acceperunt. Habes hic signa notasque piorū ac impiorum.   Impij sunt nobiles, Divites, literati, potentes, derisores, persecutores, crudeles, superbi, celebres & ambitiosi; Sicut Cain*, Gygātes, Sodomitæ, Saulus, Magi Ægyptij, falsi prophetæ, Scribæ, Pharisęi, herodes, Pilatus, Annas, Cayphas, Philosophi. Pij sunt ignobiles, pauperes, imperiti, debiles, densi, vexati, pacifici, mites, humiles, summissi, obscuri, viles, contempti, infames, quisquiliæ & ramenta mundi, honorisque sui contemptores, & honoris Dei studiosi, qui bonum pro malo reddunt, convitijs appetiti benedicunt; denique agnum Christum per omnes cruces & virtutes sequuntur. Nnnc propone tibi, Christiane Lector, talem popellum ob oculos, & cogita, an fieri possit, vt huismodi popellus toto orbe, dispersus, impios, hoc est Gygantes & mundi Dominos inter sese conspirantes, persequatur. Quod si fieri non potest (vt certe non potest) noli dubitare, quin qui alios propter fidem persequuntur, sunt Ismaëlitæ, quoniam Ismaëlis naturam imitantur. Sed quid dicit Scriptura? Eijce ancillam & ejus filium ; Non enim hæres erit filius ancillę cum filio Liberę. Quid est ancilla? Est Lex interprete ipso Paulo. Ancillæ filij sunt, qui sub Lege, hoc est, sub Litera esse volunt ; & ideo eos, qui sub spiritum volunt vivere, persequuntur, sicut Ismael Isaacum. Itaque vt intelligatur eos esse veros Ismaëlitas, citant Legis literam, quę jubet interfici falsos Prophetas ; Falsos autem prophetas interpretantur Hæreticos ; Hæreticos autem interpretantur eos, qui ab ipsis dissentiunt

unt: In quo filij sunt eorum qui dicebant: Nos Legem habemus, & secundum Legem debet mori, quia filium Dei se fecit. Vides ut filij Legis persequuntur filios spiritus, & ad eam rem Legem citant. Sed quid faciat Sara, hoc est Libera, & spiritualis Ecclesia? Non eijcit ipsa filium ancillæ, hoc est, Literę servos, Nec Isaacus item eijcit Ismaelem, non enim potest, hoc est, pij non eijciunt impios: non enim possunt: sed rogat Sara virum suũ, hoc est, Ecclesia Deum, ut eijciat persecutricem illam Legem sive literam, & eius filios persecutores, ne sint hęredes regni cœlestis. Itaque Ecclesiæ non est, eijcere impios ab hęreditate cœlesti: sed id competit marito Christo, qui eos eijciet virga oris sui, cum dicet: Ite maledicti in ignem æternũ Hanc sententiam pronunciare non est Sarę, nec Isaaci, sed Christi. Proinde videant quid agant qui hæreticos damnant: non enim sic damnari solent hæretici, ut Latrones: Nam de latronibꝰ sæpe bene sperant etiam ij qui eos suspendunt & pro eis Deum orant, nec eos ad Gehennam damnatos putant. Sed qui hæreticos supplicio afficiunt, judicant eos a Deo prorsus esse rejectos & æternis ignibus addictos: Quod dum judicant, sedent plane in tribunali Christi, & sententiam illam pronunciant: Ite maledicti in ignem æternum: Quæ neque ab alio quam Christo, neque ante diem Judicij pronunciari potest. Nam ideo Judicij dies appellatur, quod tum, non ante judicari poterit, qui sint electi aut reprobi: Quemadmodum docuit Paulus, cum dixit: Nolite ante tempus quicquam judicare, donec veniat Dominus, qui illustraturus

O   est

est occulta tenebrarum, & patefaciet consilia cordium. Quæ verba dum mecum perpendo, nihil habeo quod addam, nisi ut dum agitur de aliquo damnando tanquam hæretico, hoc est, sempiternis pœnis addicto, & a Deo in sempiternum rejecto (tales enim putantur hæretici) admoneam omnes ut septies considerent, quid agant; Et hic eandem sententiam majoribus Literis (ut cursim legi possit) iterum adscribam.

Nolite ante tempus quicquam judicare, donec veniat Dominus, qui illustraturus est occulta tenebrarum, & patefaciet consilia cordium. 1. Cor. 4.

Ex epistola Castalionis ad Nicolaum blasdikensem.

QVod istic sic passim sævitur in Anabaptistas doleo, & persecutoribus sanam mentem opto, non quod erroribus faveam Anabaptistarum, sed quod & ipsi persecutores & erroribus non minus, credo, gravibus, & sceleribus laborant gravissimis. Et si æquum esset, & cæteri abessent, vel hic esset, & hoc solus esset quovis Anabaptistarum errore gravius, quod homines ob religionem interficiunt, & putent interficiendos. Nam omnino hic persecutionis spiritus alienus est à Christi spiritu, & qui eo impelluntur, cujus sint spiritus nesciunt. Et tu frater, cave, per Deum te quæso, cave, ne tu vel imprudens illa te persecutionis societate contamines. Non ego de sententia tua loquor, quam ab istis persecutionibus abhorrere mihi persuasum est, sed de eventu, qui vel invito consequitur tuas cum Anabaptistas disputationes. Audivi enim eos à te, in gratiam principis, advocato, refelli. Deinde cum refutati, tamen in sententia perstiterint, puniri. Si ita est, mallem te in ipsis Principum erroribus & peccatis castigandis & refellendis occupari, quibus eos scatere tu non ignoras, iisque hoc primum omnium persuadeas, non esse homines ob religionem interficiendos. Ita demum liceret nullo Anabaptistarum, non dicam tuum Principum, periculo disputare. Nunc enim, principibus illo errore infectis, refellis Anabaptistas, idque ab ipsis Principibus advocatus, sit ut

O ij quos

quos volens refellis, ijsdem nolens noceas, neque ipsis Principibus quicquam prosis. Neque enim redduntur tua profecto de alicuius erroris disputatione meliores, sed duntaxat in suo injusto facto (ne quid dicam asperius) confirmatiores. Sanctius esset, Deoque accepti*, tuo periculo Principib* refellendis operā dare, quam e tuo dsputantem miserorum miseriam augeret Neque vero errores refellendos esse nego, sed sic esse refellendos non judico: hęc a me benevolę amicęque dici tu non dubitas. Movet me & illorum miseria, & tuum periculū. Scis quid sępe, me audiente, dixeris, *Ne nos inducas in tentationem.* Callidus est Sathan & paulatim trahit quoscunque potest in societatem sanguinis, a qua nos ita procul abesse debemus, vt a veste abhorreamus sanguine polluta. Denique vt officij nostri quid sit sciamus, sic cogitem*; Quid faceret Iesus si esset hic, & statim responsum in animis nostris audiemus. De Gallia nil nisi meros furores audivimus. Rotomagum captū esse fama est, & vtrinque cecidisse plurimos, & expugnata vrbe ita esse sęvitum in oppidanos, vt matres, quo hostium man* evitarent, seque suosque natos in flumen demergerent. Denique tota Gallia nihil meserius cogitari potest. Vę autoribus, vę sanguinarijs & Principum instigatoribus. Hij sunt fructus Doctrinę de persequendis hęreticis. Amarunt saguinem, & sanguinē (ō justę Iudex coelestis) eis dedisti. Sed finem faciam: Nam nihil proficio, tantum Iustissimū meum dolorem in fidelissimi optimique amici sinum effundo. Vale.

Seb.

Sebastianus Castalio Eduardo Sexto Angliæ Regi. clariss: Salutem.

Cum sacrarum literarum libros, a me in Latinum sermonē conversos, in lucem emitterem, serenissime Rex angliæ, suaserunt amici, vt eos tuæ Majestati dedicarem: Idque vt facere vellem, tribus rationibus persuaserunt. Primum quod dicerent, nulli convenientius sacras literas offerri posse, quam ei, cujus regnum asijlum esset eis, qui propter sacrarum literarum studium atque defensionem vexarentur. Deinde, quod tu nuper hanc eandem transferendi libros sacros provinciam, hominibus doctis mandavisses, sed vnius obitu impeditus fuisses Postremo, quod præter cæteras disciplinas, atque linguas, etiam Latinitatis, vel inprimis (cujus nos hic nonnullam rationem habuimus) studiosus esses, & ad eam rem magistrum eruditum haberes. His causis adductus sum, vt tibi, Regi illustrissimo, ego infimę conditionis homo, vigilias meas offerre auderem: sperans fore, vt quanto in altiore dignitatis fastigio, te Dei benignitas collocasset, tanto clementius tenues admitteres, amore CHRISTI, qui cum Deo foret ęqualis, nō dubitavit ad infimos se demittere. Quod si placet, & si hanc translationem, Rex, legere nō recusas, exponam tibi jam, quod fuerit in hoc negotio meum institutum. Ego operam dedi, vt fidelis, & latina, & perspicua esset hæc translatio, quoad ejus fieri posset: Ne quem deinceps orationis obscuritas, aut horri-

O iij ditas

ditas, aut etiam interpretationis infidelitas, ab horum libroru lectione revocaret. Sed perspicuitatis & fidelitatis potissimam rationē duximus. Nam quod ad latinitatem attinet, est oratio nihil aliud quam rei quędam quasi vestis, & nos sartores sumus. Res quidem manet eadem, nec orationis elegantia fit melior, nec vilitate deterior: Neque rem vere amat is, quem ab ea cognoscenda retrahit inculta oratio. Quin etiam videmus Evangelij arcana nobis tradita esse verbis impolitis, & e media indoctorum plebe desumptis, ne quid inde hominum eloquentiæ tribueretur. Cæterum quoniam in hoc studio versantem, necesse erat, non solū verba, sed etiam res ipsas (sine quibus verba sępe intelligi non possunt) perpendere: si quid interim animadverti obscuri⁹, non solum quod ad verba, sed etiam quod ad rem pertineret, id conatus sum paucis illustrare. At in verbis quidem declarandis, sui aliquanto confidentior. Verū res vt parcius attingerem, in causa fuit partim præsens transferendi institutū, quod circa verba versatur: Partim, & quidem multo magis, ignorantia mea. Cū enim sint hi libri de rebus divinis scripti, necesse est nos, quanto magis homines sumus, tanto minorum horum intelligētiam habere. Et profecto si verum fateri volumus, est adhuc nostrum seculum in profundis ignorantiæ tenebris demersum: cuj⁹ rei certissimum testimoniū sunt tam graves, tam pertinaces, tam perniciosę dissensiones: tam multi, & ijdem itriti conventꝰ de hisce controversijs, tantusque numerꝰ quotidie nascentium librorum, & eorum inter sesę toto cælo dissidentiū.

Si enim

Si enim unus Dei spiritus, & una veritas est: necesse est, in quibus idem spiritus, eademque veritas insit, eos unû esse, idemque sentire spiritualibus in rebᵘ: & si nobis clarissimę veritatis orta dies esset, nunquam tot obscuras librorum accenderemus lucernas. Atque equidem mihi hujus ignorantię causam quęrenti, videbatur inventu difficilis. Neque enim tribui hęc literarû & artium ignorationi potest, cû nostro seculo nihil fieri possit eruditius: & tamen tantis studijs, tanta linguarû cognitione, tot artibᵘ per tot annos, tantû abest ut multû profectû sit, ut indies in deterius abeant res. Itaque cû attêtius hanc rem considerarem, visus sû mihi hujus ignorantiæ unam verissimamque causam invenisse, vitiositatê ac impietatem. Itaque dicit Danieli angelus. *Impie agent impij, nec intelligent ulli impij.* Et David contra: *Iovæ metuentibus patefit ejus arcanum.* Et Esajas: *PREME oraculum, obsigna disciplinam, apud discipulos meos.* Quod si Iovæ arcana in his libris occultata nosse volumus, metuendus nobis, & colendus Iova est, eique obediendum, ut decet ejus discipulos. Hæc vera ad divinarum rerum cognitionê via, hęc una ad hoc divinorum arcanorû sigillum aperiendum clavis est: quam qui habebit, nullam aliam requiret: qui non habebit, frustra cæteras admovebit huic serę. Quod si esset in nobis verus Dei amor atque metus, & si tantum studij & operæ in eo poneremᵘ, quantum alij in comparanda pecunia, alij in literis, alij in disciplinis, alij in honore, alij in alia re ponunt, non solum abesset crassa hæc (liceat mihi dicere quę sentio) crassa hæc, inquam, quę tenet seculum, ignorantia: Verum etiam tantæ

Dani. 12
10.
Psal. 25.
14.
Esai. 8.
16.

O iiij   esset

esset Iovæ cognitionis, hoc est, veræ pietatis plena terra, quanta nobis, si sapimus, promissa est. Atque ita nasceretur illud verè aureum seculum, quo essent omnes divinitus docti: Fieretque quod armipotens jova pollicitus est his verbis: CVDENT ex ensibus suis vomeres, *Mich. 4.3* & ex spiculis falces: nec gentes aliæ alijs arma inferent, nec amplius bella discent, degentque sub suis quisque vitibus ac ficubus, exterrente nullo, quoniam Iovæ armipotentis os loquitur. Et illud: Versabitur cum agno lupus, accuba- *Esa. 11.6* bitque pardus hœdo, copulatosque vitulum & leonē & taurum ducet puer parvulº, & vacca vrsusque compascentur, concubantibus eorum pullis: & leo more boum palea vescetur, & ludet super aspidis foramen lactens infans, superque viperæ cavernam deliculus puer manum agitabit. Nusquam male aut nequiter fiet in meo sacro monte: Quoniam tantæ erit Iovæ cognitionis plena terra, quantis operitur aquis mare. Item illud ad Hierosolijmam, hoc est, ad *Esa. 60.1* Christianorum Rempub: dictum: AD TE sese recipient humiliter homines, qui te afflixerint, & tuorū pedum vestigia venerabuntur omnes tui conviciatores: teque Iovæ vrbem, Sionem Augusti Israelitarum appellabūt. Pro eo quod deserta, invisa & inaccessa fueris, efficiam ex te sublimitatem æternam, voluptatem perennem; adeo vt ceterarum gentium lac, regumque sugas vbera, sciesque me Iovam esse servatorem, vindicemque tuum, Iacobeorum numen. Pro ære inducam aurum, pro ferro inducam argentū, pro lignis æs: efficiamque vt pro tui administratione sit pax, & pro Magistratibus justitia.

Non jam crudelitas in tua terra, non vastitas
aut calamitas in tuis finibus audietur: Tuosque muros salutem, & portas laudem appellabis. Non amplius tibi Sol interdiu lumen præ-
bebit, neque Luna splendor illucebit: Sed erit „
tibi Iova lux æterna, Deusque tuus decóri. Non „
occumbet amplius tuus Sol, tuave luna occidet: „
Nam Iova tibi lux erit æterna, finita tui luctus „
die. Tuus autem populus, justi omnes, semper „
terram possidebunt, à me sata stirps, manuum „
mearum opus, quod mihi sit honestamento. Mi- „
nimus in ille, minutissimus in populosam gentē „
excrescet: Id quod ego Iova suo tempore ac- „
celerabo. Item illud: ACCERSAM vos ex *Ezec. 36*
gentibus, & ex omnibus collectos terris, addu- *24.*
cam in vestram patriam: Puraque conspersos „
Lijmpha, ut ab omnibus vestris fœditatibus „
purgemini, ab omnib° vestris vos expiabo ster- „
coreis divis: Vobisque & cor novum, & spiri- „
tum novum in pectora dabo: Et exempto de „
corporibus vestris Lapideo corde, vobis carne- „
um cor dabo: & dato in corpora vestra meo „
spiritu, faciā ut institutis meis pareatis, measque „
sententias conservetis: Quo faciendo, manebi- „
tis in terra, quam ego dedi majoribus vestris: „
& vos mihi popul°, & ego vobis Deus ero, vos- „
que ab omnib° vestris impuritatib° vindicabo.

Hæc est in his multisque alijs locis, & maxi-
me in Apocalijpsi, promissa Christianis fœlici- *Apoc. 21*
tas, o Rex, & perfecta Dei cognitio, ac obedientia: Quam equidem quo magis coluendis sacris libris considero, eo minus hactenus præsti-
tam video, utcunque illa oracula intelligas.
Sed existunt ignavæ diffidentiū voces, qui pro
insano

insano habent, si quis audeat sperare & confidere meliora nostris: Quasi vero Dei sit, vel decurtata manus, vel auris obtusa: Aut, quasi ideo desperandum sit, quia nunquam ita fuit: Ac non potius ideo sperandū sit, quia non fuit: & is promisit, qui neque mentitur unquam, & potest etiam mortuis vitam reddere. Equidem aut hæc futura esse fatendum est, aut jam fuisse, aut Deus accusandus mendacij. Quod si quis fuisse dicet, quæram ex eo, quando fuerint. Si dicet, Apostolorum tempore: Quęram, cur non vndiquaque perfecta fuerit, & tam cito exoleverit Dei cognitio, ac pietas, quæ & æterna, & marinis vndis abundantior fuerat promissa. Sin dicet, Nostro tempore: Mirabimur hanc pacem, quæ ex vomeribus falcibusque nostris cudat enses, & supellectilem domosque convertat in bombardas, & propugnacula. Sed est, credo, hæc pax in literarum proceribus, & populi Magistris. Vnde igitur linguarum & calamorū longe nocentiora bella, quam ferri? Vnde tot tam graves controversię, quę neque tot jam seculis, tot disputationibus componi potuerunt, & fere in sanguinem imbecillioru erumpunt? Dum nemo est, qui de suo judicio dubitet: Nemo est, qui non alios damnet. Invidemus, maledicimus; Non solum malum malo, sed sæpe bonum malo pensamus: Et si quis a nobis in aliquo religionis vel puncto dissidet, eum damnamus, & per omnes terrarum angulos linguæ stylique jaculo petimus, & ferro & flamma & vndis sævimus, & ex rerū natura indefensos & inopes tollimus: & nobis non licere quenquam interficere, dicimus: & tamen Pilato tradimus, si hunc dimittat, amicum esse Cesaris negamus:

Esa. 53. 5.

&

& quod est omnium indignissimum, hęc omnia CHRISTI nos studio, & jussu, & nomine facere clamamus, & lupi feritatem agnina pelle tegimus. O Seculum. Scilicet CHRISTI studio Sanguinarij erimus, qui, ne aliorum sanguis effundendus esset, ipse suum effudit. CHRISTI studio zizania extirpabimus, qui ne frumentum extirparetur, jussit vsque ad messem relinqui zizania. CHRISTI studio alios persequemur, qui jussit, ut si nobis feriatur mala dextera, obvertamus sinistram. CHRISTI studio inferemus alijs malum, qui nobis, ut pro malo bonum redderemus, pręcepit. Vbi erit ergo illa nobis tantopere commendata charitas, sine qua, licet & hominum teneas & angelorum linguas, & omnia scias, & fide vel montes transmoveas, & omnia tua largiaris, atque adeo tuum ipsum corpus comburendum tradas, nihil es? Quod si quis de charitate sese jactat, consideret, num fructus charitatis habeat, & ea praestet, quæ charitatis esse tradit Paulus. Charitas benigna est, inquit: Charitas temeraria non est, non tumet, non se gerit turpiter, non sibi ipsi studet, non est irritabilis, non male cogitat, non gaudet injustitia, sed veritate lætatur: Omnia tolerat, omnia credit, omnia sperat, omnia sustinet: Charitas nunquam intercidit. Nunc quidem manet fides, spes, charitas: sed harum trium maxima est charitas, atque in ea sita est legis perfunctio. Denique charitas multitudinem tegit peccatorum, eisque medetur. Quod si hodie ea ita refrixit, ut in ejus loco regnet odium & tamen promisit Deus pium illud justumque seculum, quod supra commemoravi: fatendum omnino est, multa in oraculis promissa, nondum esse per-

1.Cor.13
”
”
”
”
”
”
”
”
”
”
”
”
”
Rom.13.
4.
”
”

perfecta. Cujus rei ignoratio in causa est, ut Dei dona admodum jejuna, exilia, & macra faciamus: & vatum oracula pleraque inepte, ne dicam ridicule, interpretemur: dum quæ futura sunt, & non nisi ab ijs qui vel divinitus, vel rei eventu sint edocti, possunt intelligi, ea & sine spiritu declarare conamur, metuentes videlicet, ne quid ignorare videamur. Cum hæc ita sint, ô Rex, & cum ætas nostra in tanta adhuc ignorantiæ caligine cœcutiat, etiam atque etiam nobis cavendum esse sentio, ne quid imprudenter committamus. Quod si quæ sunt in religionis negotio controversiæ (sunt autê plurimæ) in his sequendum Iudæ Machabæi & suorum factum judico, qui de ara solidi sacrificij, cum quid statuerent, non haberent, ejus lapides in monte templi, loco opportuno, posuerunt, donec adveniret vates aliquis, qui de ijs oraculum referret. Aut potius Mosis, cui disertis verbis modo præceptum erat, ut si quis contra legem data opera commisisset, is capiti pœnas daret: & tamen eum qui in die Sabbati lignatus erat, interficere noluit, nisi relato super ea re nominatim oraculo. Et erat Moses fidus Dei minister, & ejus spiritu non parce præditus Ut interim nihil dicam de consilio Gamalielis, qui ostendit, si ea res ab hominibus esset, dissolutum iri: sin a Deo est, non posse dissolvi, ne forte contra Deum pugnetur. Quod si has res nobis esse certiores putamus, quam illa Mosi fuit (quando ea sunt tempora, ut nemo se errare putet) at certe non debemus ijdem, & accusatores esse, & judices, potiusque parendum est Paulo, ita præcipienti: *Si quis imbecilla fide est,*

Mach. 4.
44. 46.

Numer. 15.
32.

Act. 5.

huis nulla cum animi dubitatione opitulamini. Tu ,,
quis es, qui alienum famulum damnas? Suo Domi- ,,
no stat, aut cadit. Consistet autem: potest e- Rom. 14.
nim Deus eum stabilire. Tu vero cur tuum fra- 1.
trem damnas aut tu, cur tuum fratrem despicis? ,,
Nostrū quisque causam pro se dicet apud De- ,,
um. Quamobrem ne jam damnemus alius ali- ,,
um. Nam si damnabimus, damnabimur, & ea- ,,
dem mensura nobis rependetur. Præstiterit
(meo quidem judicio) Romanorum legem de
vindicijs sequi, quę erat hujusmodi. Si quis, qui
se hactenus pro libero gessisset, vocabatur in
jus ab aliquo, qui eum servum esse assereret
interea dum causa pendebat, vindiciæ daban-
tur secundū libertatem: Hoc est, is cujus liber-
tati periculum creabatur, manebat in eadem
conditione qua liberi, donec in judicio planum factum, ac pronunciatum esset, vtrum is
servus an liber foret. Et merito, Cum enim de
ejus conditione dubitaretur, si forte liberum
esse contigisset, & interea pendente lite serviliter habitus fuisset, facta foret homini libero
gravis injuria. At quanto id in capitis causa fieri æquius est? Presertim in religione, in qua
peccatur gravissime.

Expectemus justi judicis sententiam & operam demus, non vt ipsi alios damnemus, sed vt
nihil committamus, quamobrem nobis metu-
enda sit damnatio. Obediamus justo judici, &
zizania vsque ad messem sinamus, ne forte frumentum (dum supra magistrum sapere volumus) extirpemus. Neque enim adhuc vltimus
mundi finis est: Neque nos angeli sumus, quibus hæc sit mandata provincia. Adde, quod

absur-

absurdum est, spirituale bellum, terrestribus armis geri. Christianorum hostes sũt vitia, contra quæ virtutibus certandum est, & contrarijs remedijs contraria mala curanda: vt doctrina ignorantiam pellat, injuriam vincat patientia, superbiæ modestia resistat, pigritiæ opponatur diligentia, contra crudelitatem pugnet clemẽtia, simulationem prosternat sincera, & se Deo probans religiosa mens, animusque purus, & qui vni Deo placere studeat. Hæc sunt vera Christianæ religionis, & verè victricia arma: non vt carnifici mandetur provincia doctoris, & exteriora poculi prius, quam interiora purgentur. Atque hæc de religione duntaxat a medici volo. Nam quod ad facinora attinet, homicidia, adulteria, furta, falsa testimonia, & hujusmodi reliqua, quę Deus & puniri jussit, & quo pacto punienda forent, præcepit, ea in controversiam non vocantur. Neque de ijs obscure præcepit Deus, & ad bonorum defensionem pertinent: nisi velimus in nostris cubilibus jugulari, ut quidem nunc sunt tempora. Neque vero periculum est, ne si Magistratus, a Deo, ad bonos defendendos constitutus, aliquem homicidij convictum tollat in crucem, visum bonum interficiat: neque quisquam defendit vnquam homicidium, ne homicida quidem. Sed religionis & intelligentię sacrarum literarum longe est alia ratio. Cum sint enim hęc obscure, & sępe per ænigmata tradita, & de his jam per mille amplius annos disputetur, nec dum componi res potuerit, neque componi ~~absente omnium controversiarum diremptri~~ ce, & ignorantię fugatrice Charitate possit: & ea de eadem causa Innocente sanguine repleta terra sit; debemus profecto (quamvis nobis omnia scire videamur) debemus, inquam, metuere, ne inter latrones (quos merito crucifigimus) etiam CHRISTVM immerito crucifigamus.

Et si non modo Turcas, & Iudæos (quorum illi CHRISTVM parum amant, hi etiam capitaliter oderunt) vivere patimur apud nos, verum etiam maledicos, superbos, invidos, avaros, impudicos, ebriosos, & cætera hominum flagitia ferimus, & cum ijs vivimus, epulamur, lętamur, debemus saltem communem hunc ærem & spiritum ijs concedere, qui idem CHRISTI nomen nobiscum profitentur, & nemini nocent: Eoque sunt animo, vt mori malint, quam aliud dicere, aut facere, quam quod dici, aut fieri debere arbitrantur. Vt interim non dicam, quod nullum hominum genus minus metuendum sit. Qui enim vitam mavult amittere, quam dicere quod non sentit (peccaret enim, si faceret: & qui cogit, peccare cogit) non est, credo, metuendum, ne is pecunia possit, aut alia re corrumpi.

Atque equidem illud mihi persuasi, nullos esse principibus, & magistratibus obedientiores, quam eos qui simpliciter Deum metuunt, & in eo quod sciunt, fideles sese præstant. Cæterorum quidem obedientia ficta est, neque durat diutius, quam vel metu cogitur, vel vtilitate allicitur. Sed qui conscientia ad obediendum impellitur, quique docente Deo didicit magistratibus & potestatibᵒ obediendum esse, etiam iniquis, nedum justis: hujus veram & æternam esse obedientiam necesse est, quoniam Deus
(qui

(qui ei obedientiæ cauſa eſt) verus manet & æ-
ternus. Illud quidem (ut ad propoſitū redeam')
citra controverſiam verum eſt: Ad pœnitendū
properat, cito qui judicat: Et multos judicaſ-
ſe pœnituit, judicium ſuſpendiſſe non pœnituit. Et qui ad clementiam propenſior eſt, quam
ad iram, is Dei naturam imitatur: Qui cum ſciat nos eſſe ſontes, tamē differt ſententiam, diu,
& expectat, dum fiat vitæ corectio. Qui enim
continuo necat, nullum relinquit pœnitentiæ
locum. Quod ſi quis his contradicere audebit,
neceſſe erit vt fateatur, ſanguinem a ſe oppugnari, a nobis defendi. Vtrius autem facilior futura
ſit cauſę dictio apud judicem Deum, ſi quis ignorat: audiat Solomonem ita dicentem: *Impiorum verba inſidiantur ſanguini: At proborum os
eum defendit.* Illud perſectum habeo, clementię
patientię, benignatatis, obedientiæ non poſſe
pœnitere quenquam, crudelitatis, & temerarij
judicij non poſſe non pœnitere. Quod ſi illa tu-
tiſſima via eſt, hęc periculorum plena: Inſanum
eſſe oportet, qui ſe ſciens volenſque in pericula
præcipitet. Neque vero hæc ideo tibi dico, Rex
illuſtriſſime, quod aliquid ſiniſtrum de te acce-
perimus. Cum ſis enim ejus adhuc ætatis, quæ
ſub tutorum cura cuſtodiatur, tuum ingenium
(nobis pręſertim, tanto terrarū intervallo diſ-
junctis) cognitum eſſe non ſatis poteſt. Dicunt
quidem, qui iſthinc veniunt, eam eſſe tuam in-
dolem ac humanitatem, vt omnia de te ſperent
optima, quorū nos ſpei adeo accedimus, vt ſpe-
remus & optemus etiam optimis (ſi fieri poſſit)
meliora. Cum igitur videamus, noſtra corpora
vobis Regibus eſſe in manum a Deo tradita, ve-
ſtros

Prov. 16

stros autem animos esse in manu Dei : Movemur exemplis, & periculo pro virili parte obviam ire conamur, malumque nunquam nimis maturè declinari posse judicamus. Itaque Deum oramus, vobis ut eam mentem inijciat, ut vos de vestris animis (qui in Dei manu sunt) tanto magis sitis solliciti, quam ij sunt de suis corporib⁹, qui vident suam vitam vobis in manu esse positam: Quanto animi interitus gravior est quam corporis cupimus, inquam, vos esse tales, quales esse jubet Deus his verbis: *Cum* Deut.17 *acciderit regem in regni sui solio sedere, hanc* 18. *sibi legem a sacerdotib⁹ Levitis in libro exscribito, eamque apud se habeto, & legito per omnem vitam suam, vt discat Jovam Deum suum vereri, curetque ut omnibus verbis huis legis, atque his institutis pareat, ne contra suos sanguineos animo insolescat, neve de disciplina ad dextram aut sinistram deflectat, vt diu vivat in regno suo tum ipse, tum eius nati, inter Israëlitas.* Item Solomo de bono rege loquens, his verbis: *ORACVLVM habet in labijs Rex, cuius* Prov.16 *os crimen in jure non committit. Impie agere, regi-* 10. *bus est invisum : Nam Iustitia solium aptum est. Placent regibus justa labra, & probe loquentes amant. Regia bilis, est mortis nuncius, & eam vir sapiens diluit. In serenitate vultus Regis, vita est, eiusque favor est quadam quasi serotina nubes. Habere sapientiā, est longe prestantius quam aurú.* Est autem sapientiæ caput, Dei metus: qui nobis debet ob oculos dies noctesque versari, & ad mala frenum, & ad bona calcar esse.
Hæc habui præsentia, Rex, de quibus te monerem, non equidem vt vates, non vt missus divi-

nitus: Sed vt vous de multis, quæ diffidia & lites oderim, & religionem charitate magis, & animi pietate, quam quæstionibus & rebus externis exerceri cupiam. Neque vero me preterit, nihil a me dici, quod non ab alijs ante me dictum sit. Sed recta quæ sunt, ea & a multis, & tam diu dici, donec eis pareatur, non est inutile. Accipe igitur, Rex, nostrum hunc laborem comiter & humane: Et si vacat (debet autem vacare) & si placet (debet autem placere) lege sacras literas animo pio ac religioso: & te ad regendum regnum sic præpara, tanquam homo mortalis & Rationem redditurus immortali Deo. Opto tibi Mosis clementiam, Davidis pietatem, & Salomonis sapientiam. Vale. Basileæ, Mense Februario, Anno millesimo quingentesimo quinquagesimo primo.

Am-

Amplissimo Consuli, & senatui Basiliensi, Dominis suis, clementissimis, & colendis; Sebastianus Castellio Salutem in Domino.

Est mihi mei clementissimi Domini, a Magnifico Domino Rectore, & cæteris Ecclesiæ Doctoribus, & Pastoribº demonstratum; quemadmodum vobis scriptæ fuerint litteræ, in quibus ego gravissime accusarer; cujº accusationis partes sunt duæ; Vna ex libro Theodori Bezæ sumpta, altera super mea dialogorum Barnardini Ochini translatione. Ac mihi postulanti, recitata est pars illa literarum, in qua ego accusabar, & super ea quid responderem sum interrogatus. Respondi petere me, vt si fieri posset, mihi daretur ejus partis exemplum, vt scripto accusatus, scripto responderem. Quod cum sibi, nisi vestro permisso licere negassent, & alioquin putarent posse me ad ipsas criminationes, quæ illis literis allegarentur respondere, sic facere statui, vt notatis ex illis literis numeris paginarum, in quibº in libro Bezæ accusor, vobis adversus illas accusatoris criminationes, quantum eas recordare & comprehendere possum, hic paucis respondere, Paratus & cæteras ejusdem criminationes etiam publico scripto, sicut publico scripto ab eo accusatus, diluere. Quæso vos Domini mei clementissimi, vt me dicentem causam, eo animo audire dignemini, quo animo se quisque vestrû in simili causa vellet audiri.

P iij

Primum crimen est quod sim libertinus, a quo crimine me tam procul abesse, quam cœlum a terra distat constantissime adfirmo, & innocentiæ meę omnia scripta, dicta recte intellecta, & facta mea allego: Itaque ante omnia crimen hoc accusator meus vt probet peto, aut si non probet, calumniatorem eum esse necesse est. Atque insuper se insontem accusasse non est ei religio: Ipsummet libertinorum hęresi affinē esse affirmo.

Secundum crimen est, quod sum Pelagianus, & quod gratiam Dei, peccatumque originis negaverim. Ad quod crimen ego idem, quod ad primum respondeo, & vt hoc quoque probet accusator postulo. Nam quod ad Besæ scriptum attinet, in quo hoc ex ijs quę in cap. 7. ad Rom: scripsi probare conatur, dico eum sinistre interpretari scripta mea, & ex ijs ea velle elicere, quę mihi nunquam venerūt in mentem, & hoc publico scripto probare sum paratus.

Tertium crimen est, quod ego sum omnium facinorosorum, hereticorum, adulterorum, furum, homicidarum patronus, & quod eos tutos ab accusatoribus & judicibus præstare velim: & quod nolim Magistratum ullo modo se negotijs religionis immiscere, & de hoc crimine, idem quod de superioribus respondeo falsissimum esse, & vt id probet accusator postulo. Ego vero me contrarium etiam ex scriptis meis ostensurum esse spondeo. Quinimo si sit opus testibus fide dignis, planum faciam quosdam, qui de Magistratu sinistre sentiebant, sic fuisse ab eo errore opera mea avocatos, vt mihi

con

confessi sint, me apud eos sola mansuetudine plus effecisse, quam vlli vnquam adacti gladijs potuissent. Nam de Magistratu omnino idem & semper sensi, & sentio, quod in Sacris literis. Et in Basiliensi confessione habetur: Videlicet. **Es hatt Gott der waerhept seiner dienerren das schwert / und doerstein vsserlichen gewalt/ zu schirm der gutteren im/raach und straff der bosem besholden.** Atque illud addo eum durare oportere etiam tempore novi testamenti, quandiu erunt facinorosi homines, qui sunt puniendi : & qui ei potestati resistit, ordinationi divinæ resistit.

Quartum crimen est quod Castalio sit papista, et blasphemꝰ in gratiam Dei. Et ad hoc crimen idem respondeo, quod ad Superiora: Falsum esse, neque illud vllum vnquam mortalium esse probaturum: Nam tantum abest vt sim papista, vt a magnis viris non semel, magna mercede proposita, & jam pridem, & non ita pridem, vt ad ipsos migrarem solicitatus recusarim. Quod vero in Dei gratiam blasphemū me esse dicit, hoc quoque non minus quam illud falsū est. Nam nos gratuito Dei beneficio, per fidem in Christum justificari, & servari: semper & credidi, & docui, & hoc etiam scripta mea palam testantur.

Quintum crimen est, quod Castalio sit Academicꝰ, & quod habeat spiritum Anabaptisticum. Academici erant Philosophi quidam, qui nihil sciri posse dicebant, nihilque affirmabant. Ab hoc

hoc crimine ipsemet Beſa, me in hoc ipſo libro maxime vindicat: Ideo enim in me toto libro invehitur, quia multa affirmem, quę ipſe a me adfirmari indignatur. Quod vero de ſpiritu Anabaptiſtico ſcribit, qualem ſpiritum habeant, aut quid de Dei verbo ſentiant, aut ſcribant Anabaptiſtæ, ipſi viderint. Ego & ſcripſi, & nunc ſcribo, & ſentio, controverſias, quæ ſunt inter Theologos de Religione, non poſſe ex ſcriptura, niſi ſimul adſit. tum Chriſti Spirit⁹, qui mentes aperiat, tum Charitas componi. Atque illud addo niſi operam dederimus, vt charitatem habeamus, futurum eſſe vt quanto plus literę habeamus, tanto minus Spiritus habeam⁹, tantoque magis indies inter nos diſſideamus, & in deterius abeamus, neque non inſuper

1. Cor. 13. aliud Pauli adijcio: Si & hominum loquar & Angelorum linguis, neque charitatem habeā, ſum æs tinniens aut cymbalum reſonans. Et ſi tantum divinationis habeam, vt omnia arcana, ſcientiamque omnem teneam, & ſi adeo omni ſim fide præditus, vt vel montes tranſmoveam, & tamen charitate non ſim præditus, nihil ſum. Et ſi omnes meas facultates, in liberalitatem erogem, & ſi vel meum corpus comburendum tradam, & tamen charitate non ſim præditus, nihil proficio. Hæc ſunt quæ de Chriſto, ſpiritu, & charitate, &, ſcripſi, & ſcribo, & ſentio: ac tantum abeſt vt hoc crimen reformidem, vt hæc vera eſſe dicam, pronunciem, clamem, & event⁹ ipſe vera eſſe, & hactenus docuit, & deinceps docebit: Nam ſine Chriſti ſpiritu, & charitate, ſi quis has controverſias componere ſperat, eum perinde facere dico, ac ſi velit arenatum tarum, ex sola arena, atque calce, sine aqua facere. Illud addo accusatorem meum hic sibi tripliciter contradicere, nam si sum libertinus, non possum esse vel Papista, vel Anabaptista, aut si Anabaptista, nec Papista, nec libertinus esse possum quippe cum tres sectæ a se invicem, addo etiam ab Academicorum secta, sicut ignis ab aqua discrepent, id quod facile probarem, nisi id vestræ prudentiæ cognitum esse mihi persuaderem.

Sunt & alia, mei clementissimi Domini, crimina, quæ Beza, & Calvinus mihi imponunt, quorum vnum aut alterum (de quibus vos facillime, etiam sine mea defensione judicare potestis) obiter dicam. Vnum est quod Biblia transtulerim impulsu, instinctuque diaboli. Cogitate quam verisimiliter hoc scripserint. Alterum est, quod vicini mei ligna herpagone rapuerim. Hinc cognoscite mei clementissimi Domini, quales sint accusatores mei. Si enim eorum accusationi credetis, oportebit non solum me, verum etiam vicinos tunc meos, & piscatores multos, aliosque cives Basilienses, fortasse plus quam trecentos, mecum dare furti pœnas, quippe qui eadem ligna mecum palam rapuerint.

Hoc isti cum furtum palam toto orbe publicatis libris interpretati sunt, cogitate quales sunt & in cæteris, præsertim si quem oderint

P iiij

oderint, nam mea scripta nihilo candidius profecto sunt interpretati, quam harpagonem. Hæc & huiusmodi multa (quæ de me scripserunt) si vult probare meus accusator, prodeat coram vestro Senatu, & coram eodem etiam Germanicis verbis, (utcunque Germanice vix etiam balbutiam) paratus sum causum dicere. Sin malam habet conscientiam, meque putat non sibi privatim, sed illis qui me publicatis libris accusarunt, publicatis libris respondere, & Besam cum hac transiret: interpellare debuisse, scitote mei Clem: de hac re Domini, quo minus id hacten' fecerim, per me non stetisse. Nam & tú D. Cocceum, & porro cum eo. D. Rectorem. Simonem Sulcerum conveni, & Besam vna cum illis, nisi ad bellū properans discessisset conventurus fui, & nunc paratus sum ad omnia, quæ mihi, illi in suis scriptis imposuerunt crimina, publico scripto respondere: Atque adeo a vobis mei Clementissimi Domini: Vt hoc mihi permittatur, postquā sic accusor, obnixe peto. Aut si hoc non impetro, illud saltem peto, ut si forte respondere non permittatur, tacere non sit fraudi. Quod si sint sibi bene conscij, compareat ipse Besa & Calvin', & omnia quæ contra me crimina literis mandarunt, coram vobis meis Iudicibus probent: Et ego (ut intelligatis quantum meæ causæ bonitati confidam) si illa probaverint, meum caput ad justum supplicium ultro offero. Non debebunt autem, nisi sibi male conscij sint, Basileense tribunal reformidare, qui illa toto mundo publicare non reformidarunt. Spero vos mei Domini Clementissimi, Dei in hoc negotio vicarios, in

hac

hac causa, sicut hactenus, & in exterorū, & in mea ipsius causa fecistis, adhibituros etiam eam prudentiam, afflante spiritu veritatis, vt nihil nisi re probe perspecta pronuncietis. Magna sunt & potentes adversarij, & accusatores mei, sed & potens est Deus (qui personarū rationem non habens) de solio deijcit Ego vero humilis sum homuncio: sed & humiles respicit Deus, & eorum sanguinem (si injuste funditur) vlciscitur. Labi facile est, & vulnus vno momento facile infligit vnus vir malus, quod deinde centum boni medici multis annis sanare non possunt. O Deus, qui & meum, & adversariorum meorum corda nosti, surge, & judica causam meam.

Quod ad accusationis partem secundam attinet, videlicet, quod Barnardini Occhini dialogos transtulerim, non puto id mihi fraudi esse debere. Transtuli enim (sicut & alia ejusdem opera transtuleram) non vt judex, sed vt translator, & ex ejusmodi opera, ad alendam familiam & quaestum facere solitus : & typographus librum se dixit obtulisse, eumque secundum Basileensia instituta fuisse censura appro batum.

FINIS

Errata Benevolus Lector sic emendabit.

Litera. Folio.	linea.	erratum Pro	correctum Lege
A.1.	3.	Proptetere	Propterea.
	25	concilium	consilium.
A.1. verſ.	30	maximeque	maximique
A.2. verſ.	17	puem	quem
A.4.	7. a fin.	istanser-exagitat	instar exagitet
A.5. verſ.	1.	finctos	tinctos
	25	Ictus	Ictus (i.e. juris-consultus
A.8.	8	tractatus viculis	tractus vincula
A.8. verſ.	11	libris	liberis
	18	oro	re
B.1.	1.	amor	amantior (ſum
	12	tamque insultū	tamquam insul-
	19	jaccensū queque	ascensū quaque
B.1. verſ.	6.	coſoraplixſitos	autokatakritos
	8. a fin.	valeant	valeat
B.2.	7.	modestiam	immodestiam
	16	qum	quum
B.3.	14	causaque huius-que	causam hucus-que
	paenult.	vidio	video
B.4. verſo.	5.	nen	nos
B.5.	16	effutiri	effutire
.7.	9. a fin.	par	per
	4. a fin	habet	habent
B.7. verſo.	12	nihilve	nihilne
C.1.	1.	perditu	perditum
C.2.	26	declinantur	declinant
	5. a fin.	verri	Verri
C.2. verſo.	5. a fin.	quo	aquo
C.3.	13	quia	qui a

Litera.				
folio	linea	erratum		correctum
		Pro		Lege
	23.	ritis.		ritus.
B.5.	ult.	sustinebat		sustinebant.
C.6.verso.	10.	fit.		sit.
	12.	quia lis.		qualis.
	21.	magistris.		Magistratus.
C.7.	15.	veritates.		veritas.
D.1.	6.	efferveatur		efferveant.
D.1.verso.	7. a fin.	ovium.		omnium.
D.2.	16.	mubus		manibus
D.3.	18.	falicem.		Felicem.
D.3.verso.	3 a fin.	conspettis.		conspectus.
D.5.	15.	mermes.		inermes.
	19.	palina		palma.
D.5.verso.	3.	libra.		libera.
	5.	ipse-videtis		ipse-videris.
D.7.verso.	8.	minus.		munus.
	25.	hebeat		habeat.
E.2.verso.	ult.	fierres.		si erres
E.3.	11.	protervant		proterviant.
E.3.vers.	penult.	Christum.		Christus.
E.4.vers.	2.	ejecet.		ejecit.
E.5.vers.	15.	animis.		annuis.
E.6.vers.	4. a fin.	hoc est ho est.		hoc est.
E.7.	18.	quo		duo.
E.7.verso.	25.	sumnum.		summum.
F.1.vers.	19.	Elijnam.		Elijma
F.2.	5.	glariatur.		gloriatur
F.2.vers.	2.	ecsia.		ecclesia
F.4.	3.	tanque.		tanquam
	13.	levis.		lenis
	10. a fin.	disciplsam.		disciplinam
F.5.vers.	5.	pectatum.		peccatum

F.6 5 a fin

Litera Folio.	Linea	erratum	correctum
F.6.	3. a fin.	Dicno.	Dicw
4.7. verſ.	7. a fin.	ſentensiam.	ſententiam
G.3.	11.	doluiſſe	diluiſſe
G.3. verſ.	4. a fin.	Eliymachus	Symmachus
G.5.	6. a fin.	Vanitatesq	Vanitatis
G.5. verſ.	23.	hominum	hominum
	25.	multa	multa
G.7.	4.	huc	hac
G.7. verſ.	9.	quum	quia
H.1.	13.	Ei	Et
H.2. verſ.	12	ſocietati	ſociari
H.3.	1.	alios	alios
H.4. verſ.	8.	quia	quia
	11.	conſtituti	conſtituti
	16.	quicque	quicquam
H.7.	11. a fin.	quæ	quod
H.8. verſ.	2	verba	verbo
	6.	idio	ideo
I.1. verſ.	3. a fin.	duini po.	diuini po.
	ibid.	jure aconſtituit	jure conſtituit.
I.4. verſo	12	iudicaverat	iudicaverat.
	3. a fin.	lege	longe.
I.5.	23.	citavimus	citavimus.
I.5. verſ.	13	contra	contra.
I.6.	2	atque etiam.	etiam.
I.6. verſ.	5. a fin	r ſinceritatem	ſinceritatem
I.7. verſ.	1	cujuſquam	cujuſque
I.8.	7	id eo	ideo
	3 a fin.	beati	beatum
I.8. ver.	23	igitur	propterea
K.1.	6	De aſtrorum	De aſtrorum
K.2.	3. a fin.	propigoſis	prodigoſis

Libro	Linea	erratum	corroctum
folio.			
K.3.	ver.4	Suimo	Summo
K.3	8	habeat, neque	habeat, neque
K.3. verf.	6. a fin.	Chriftquem.	Chriftus.
K.4. verf.	1.	Dunm	Dominum.
	6.	veaittem	veritatem.
K.5.	7.	Geneva	Vienna.
	13.	fecerit. Et &c.	diftingue hoc pacto: feceris, & infuper, quod commemorat, vel fcripferit vel fcribendum curaverit: Si
	15	eius	eius. Et &c.
K.6.	9.	capites	capitis.
K.6. verfo.	5.	indices	iudices.
K.8.	Penult.	fidi	fide
K.8. verfo.	6.	hominem	hominum
	13	Sertus	Servetus
	19	tenentum	tenentem.
L.1.	10	cum eo	cum.
L.1. verfo.	13	eft, Paulus certe	diftingue eft Paulus, certe.
	10. a fin.	reprehendebat	reprehendat.
L.2.	20.	conjuctus	convictus.
	6. a fin.	fint. Sed	diftingue fint, fed
	ult.	oportebat	oporteat
L.2. verfo.	6. a fin.	in humanis.	inhumanis
L.3.	12	tam	tamen
L.3. verf.	12.	& faciei	& ignem faciei.
	13.	admoneri	admoveri
L.4.	5.	unitatis	unitatis
			ibid.

Liber Folio	Linea	erratum Pro	correctum Lege
L.6.verso.	8.à fin.	accidis.	accedis
L.8	9.	aepurgandi	repurgandi
	ibid.	Si idem	sedem
	39	imposita est	adde Corona
	6 à fin.	ipsa	ipse
M.4.	I.	tanquam ob-literare vi-deretur	unquam obli-terari posse vi-detur
M.4.verso.	6	si idem	siquidem
	7.	necessaria	necessario
	21	ne Ser-	non, ne Ser
M.5.	14	Precum	precum
M.5.verso.	2	nonnullis per Gervasianis	per Gervasianos
	7	in utire	mutire
	8	nullum	ullum
M.6.verso.	5.	mantisa	mantissa
M.7.	ult.	(.)	(?)
N.3.verso.	16.	Apostatos	Apostatas
N.3.	3	melit	melitus
	4	Adikai	Adikei
	5	nomisei The-ous bous demo-nia kenis eis egou mevos	nomiz,ei Theous, ou daimomake-na eisegoumonos
	3	illis	illic
N.7.verso.		ut	ac
	3 à fin.	impraestarent	praestarent
N.8	3 à fin.	tanque	tanquam
N.8.verso.	2 à fin.	soricum	spiritu.
O.1	4 à fin.	shuendis	evoluendis

FINIS

www.ingramcontent.com/pod-product-compliance
Lightning Source LLC
Chambersburg PA
CBHW070648170426
43200CB00010B/2167